SABORES DA ÁFRICA

Receitas Deliciosas e Histórias
Apimentadas da Minha Vida

Dados Internacionais de Catalogação na Publicação (CIP)
(Câmara Brasileira do Livro, SP, Brasil)

Hafner, Dorinda
Sabores da África: receitas deliciosas e histórias apimentadas da minha vida /
Dorinda Hafner ; [tradução Renata Cordeiro]. – São Paulo : Summus, 2000.

Título original: I was never here and this never happened.
ISBN 85-87478-05-2

1. Culinária ganense 2. Folclore – Gana 3. Gana – Usos e costumes
4. Hábitos alimentares – Gana 5. Hafner, Dorinda I. Título

00-0739   CDD-390.009667

Índices para catálogo sistemático:

1. Gana : Usos e costumes 390.009667

Compre em lugar de fotocopiar.
Cada real que você dá por um livro recompensa seus autores
e os convida a produzir mais sobre o tema;
incentiva seus editores a encomendar, traduzir e publicar
outras obras sobre o assunto;
e paga aos livreiros por estocar e levar até você livros
para a sua informação e o seu entretenimento.
Cada real que você dá pela fotocópia não autorizada de um livro
financia um crime
e ajuda a matar a produção intelectual em todo o mundo.

SABORES DA ÁFRICA

Receitas Deliciosas e Histórias
Apimentadas da Minha Vida

Dorinda Hafner

Do original em língua inglesa
I WAS NEVER HERE AND THIS NEVER HAPPENED
Copyright © 2000 by Dorinda Hafner
Direitos para a língua portuguesa adquiridos por
Summus Editorial, que se reserva a propriedade desta tradução.

Tradução: **Renata Cordeiro**
Capa: **Neide Siqueira**
Consultoria culinária: **Cida de Oliveira**
Foto da capa fornecida pelo restaurante **Gamela's**
Editoração eletrônica e fotolitos: **JOIN Bureau de Editoração**
Consultoria editorial: **Mirian Santos Leiner**
Editora responsável: **Heloisa Pires Lima**

**Departamento editorial e
Atendimento ao consumidor**
Rua Cardoso de Almeida, 1287
05013-001 – São Paulo – SP
Telefax (11) 3872-3322
http://www.selonegro.com.br
e-mail: selonegro@selonegro.com.br

Departamento de vendas
Rua Itapicuru, 613 – 12º andar
05006-000 – São Paulo – SP
Tel.: (11) 3873-8638 e Fax: (11) 3873-7085
e-mail: vendas@summus.com.br

Impresso no Brasil

Dedicado à minha mãe,
Elizsabeth Naa Lamiley Bannerman-Addy,

a meu pai,
Ayitey Kojo Addy, chamado de Naatse ou A. K.,

e a minha querida Titia Awuraba,
Beatrice Betty Bannerman.

Os fogos que derreteram minha manteiga e cozeram meus ovos!

Agradecimentos

Phil Wood	o visionário, por ter apostado em mim.
Kirsty Melville	meu editor, pelo apoio e pela fé inabalável.
Mariah Bear	minha editora "agulha no palheiro". Você é uma jóia!
Clancy Drake	do "Never-Never", obrigada por se recusar a aceitar "Não posso" como resposta.
Lisa Zuré Ruffin	por cruzar o mundo para ter acesso a minhas histórias, e por suas loucuras e métodos heterodoxos, obrigada.
Nancy Austin	por seu belo *design* e *layout*.
Donna Latte	pelas horas passadas lendo as provas e pela digitação.
Akiko Shurtleff	por sua cartografia.
Kwame Asumadu,	Seth Annang, meus filhos James e Nvala, meus queridos amigos Barb Allert, Mary McMinn e muitos outros amigos cujo incentivo manteve a chama acesa dentro de mim para que eu continuasse a escrever.

Me da mo ase pii

Mii da nyeshi waa

(A primeira linha quer dizer "Muitíssimo obrigada" em achanti)

(A segunda linha quer dizer "Agradeço muito a você" em ga)

Sumário

Quem Sou Eu e Por Que Estou Escrevendo este Livro 11

A Primeira Vez na Vida que Cozinhei para Meu Pai 21

A Sabedoria de Minha Mãe 32

Shooshoonsha, Shoonsha 37

Peixe de Bambu 49

Mulheres Achantis 52

Campos de Visão 65

Fome, vá Dormir 69

O Vozeirão de Cem Libras 83

Nunca Estive Aqui e Isso Nunca Aconteceu 93

Faça Como Eu Digo ou Apimento Você 100

O Fogo Que Derreteu a Manteiga Deve Ter Cozido os Ovos 109

O Caminho para o Rio 117

A Cor da Roupa de Baixo 131

A Coisinha À-Toa Que Quase Quebrou as Minhas Costas 138

Você É da Psiquiatria? 149

Deixe a Dançarina Falar! 162

Por que a Mulher Negra Sorri 171

BURKINA FASSO

BENIN

COSTA
DO
MARFIM

TOGO

Rio Volta

Rio Oti

Lago Volta

Mmofraturo
Escola Feminina

Kumasi

Nkawkaw

Kibi

ACCRA

Wesley
Escola
Feminina

Tarkwa

Costa do Cabo

OCEANO ATLÂNTICO

0   100 km

0   100 milhas

GHANA

Quem Sou Eu e Por Que Estou Escrevendo este Livro

É imperativo que uma mulher mantenha o seu senso de humor intacto e de prontidão. Ela tem de ver, ainda que apenas em segredo, que é a mulher mais engraçada e mais paspalha do mundo; e deve também ver este mundo o qual vive como o mais absurdo de todos os tempos.

— MAYA ANGELOU

Ser uma mulher negra num lugar como Adelaide, Austrália, pode ser uma provação. Quase todo santo dia alguém chega perto de mim e diz: "De onde você é?". E eu respondo: "Sou de Gana, na África Ocidental". Eles dizem: "Há quanto tempo você está aqui? Você gosta da Austrália? O que você está fazendo aqui?", e entro na rotina, respondendo a todas as perguntas educadamente, e, em seguida, me despeço. Depois de tantos anos morando aqui, isso se tornou bastante monótono, especialmente quando ocorre várias vezes durante a mesma ida ao supermercado.

Viro no corredor de congelados e alguém pergunta: "De onde você é?" Respondo. Passo pelas bebidas. "De onde você é?" E eu respondo. Passo pelo corredor dos detergentes. "De onde você é?" Respondo de novo. Viro e vou direto dos cereais para café da manhã..., e assim sucessivamente. Na hora em que chego ao caixa, se alguém mais pergunta "De onde você é?", quase grito.

Certa noite, entrei correndo no supermercado pensando: *Deus, espero que ninguém me pergunte de onde sou. Hoje só tenho quinze minutos para entrar e sair daqui.*

Parei na frente da vitela, caprichosamente disposta em sacos plásticos, pensando como a comida ficaria mais saudável se eu usasse filés de frango, pois ficaria menos gordurosa. Já era bastante ruim ter de usar o creme de leite no molho. Bem, quando estava quase indo embora, uma mão pousou no meu ombro, seguida de uma voz delicada.

"Olá, de onde você é?"

Fechei os olhos e rangi os dentes: — *Oh, Deus, de novo não.* E, agressivamente, virei, pronta para atacar quem quer que fosse, e me vi frente a frente com uma velhinha de cabelo pintado de azul e caprichosamente vestida, tipo colonizadora.

"De onde você é?"

Respirei fundo. Só recentemente me dei conta de que estou totalmente impregnada de minha cultura. Veja, fui educada para respeitar os mais velhos, e respondi, "Sou de Gana, na África Ocidental."

"Oh! Há quanto tempo você está aqui?"

"Eu moro aqui."

Ela ignorou e perguntou: "Você gosta da Austrália?"

Pensei: *É claro que gosto, sua mala sem alça velha e estúpida; eu não estaria aqui se não gostasse.* Mas, naturalmente, como o que se pensa e o que se diz são duas coisas diferentes, respondi: "Gosto, gosto muito daqui".

"Então, quando é que você vai voltar?"

Parei, olhei para ela dos pés à cabeça, e respondi: "Na verdade, eu nem pensei nisso."

"Oh! Você compra sempre nesse supermercado?"

"Compro."

"O que você está levando hoje?"

Que mulher intrometida. Mas de novo respondi educadamente: "Eu ia fazer vitela *cordon bleu* para os meus filhos, mas..."

"Oh", disse ela. "Você come carne realmente? Que tipo de carne você come no seu país?"

Bem, talvez nem tudo estivesse perdido. Eu podia, pelo menos, tirar um tempinho para ensinar aquela mulher. Rapidamente, contei tudo sobre como os africanos ocidentais, da costa do Atlântico, eram ávidos comedores de peixe e não de carne, e que, quando comemos carne, comemos carne boa — carneiro, bode ou ainda, de vez em quando, porco ou aves criadas em casa para ocasiões especiais. Ela pareceu satisfeita com a minha resposta e eu estava contente por ter ensinado alguma coisa a ela.

"Então, tchau", disse ela, "Espero que você aproveite a sua estada."

Quando ela estava indo embora, pensei: *Oh Deus, a coitadinha da velha não deve ser muito esperta, porque eu acabei de dizer para ela que moro aqui.*

Eu tinha acabado de ir para a seção de aves e estava parada, examinando os filés, quando outra mão pousou sobre o meu ombro. Achei que eu realmente ia morder alguém.

Era a mesma velha. Dessa vez, chegou com ar cúmplice perto de mim e disse: "Você deve sentir falta do seu tipo de carne de verdade, não?".

Não tinha eu acabado de explicar para aquela mulher alguns segundos antes que tipo de carne e de peixe comíamos? Por que ela estava fazendo aquilo comigo? Chegou até mesmo mais perto e, antes que eu pudesse responder, sussurrou: "Acho que os missionários acabaram com isso em Papua, Nova Guiné, mas ouvi dizer que ainda se pratica nas montanhas. Minha queridinha, você deve sentir falta do seu tipo de carne de verdade!".

Eu estava completamente arrasada. Pela primeira vez ficou claro para mim que aquela mulher talvez fosse doida. E, de fato, parecia que ela estava babando feito cachorro louco. Senti uma pontinha de culpa por ter pensado aquelas coisas sobre ela, então tentei ser um pouco mais educada. "Não, nós realmente comemos carneiro e bois de verdade mesmo, assim como...".

Ela cortou a minha frase no meio e disse mais insistentemente: "Você deve sentir falta mesmo do seu tipo de carne de verdade, eu entendo".

Então, olhei para aquela frágil velhinha de cabelo azul, com seus bracinhos brancos como um lírio saindo da meia manga da blusa, e pensei: *Por que desapontá-la?* Puxei um de seus braços para perto de mim, respirei profundamente e afundei a boca no antebraço dela, que chupei e fingi morder.

A mulher guinchou: "Ela me mordeu! Ela me mordeu!".

O guincho chamou a atenção dos outros fregueses. Todo mundo olhou para nós; aquela mulherzona preta dando uma mordida naquela velhinha branca.

13

Larguei-a, ergui-me sobre o meu 1m66 e, com toda a dignidade, que reuni e falei: "Tudo bem, eu não ia comer ela mesmo. É sem sal". E, fui embora.

※◇※ ▒▒▒ ※ ※ ▒▒▒

A vida inteira o que me sustentou foi meu humor e minha origem. Essas duas coisas foram incentivos para as minhas carreiras como atriz, escritora e, bem, embaixadora cultural oficiosa. E sempre fui ávida por maior contato e entendimento entre a minha cultura africana e o mundo em geral. Ao longo dos anos, espalhei o meu conhecimento da cultura africana como um todo, e vi que não havia melhor maneira de desenvolver uma apreciação do espírito e da criatividade únicos de um povo oprimido do que falar de sua comida. Comecei a pesquisar a cozinha africana e descobri uma ampla variedade de receitas — e grande interesse por parte do público — então decidi escrever um livro.

Escrevi o primeiro livro, A Taste of Africa (Sabores da África), na esperança de que iria fornecer um patamar de diálogo entre todas as culturas e de tornar visível o vínculo muito real entre as culturas negras por todo o globo.

Antes que o livro fosse lançado, um bom amigo e eu imaginamos uma espécie de programa culinário que eu chamei de "Cozinha Africana: Bocados Saborosos e Histórias Temperadas". A idéia era oferecer festas com jantar africano na casa das pessoas e temperar as refeições com um showzinho. Os anfitriões podiam convidar a família e os amigos e passar uma hora agradável sem aborrecimentos; sem a preocupação de dirigir bêbado ou de encontrar uma babá. Era como jantar fora sem sair de casa; os anfitriões tinham o cozinheiro, o narrador e o contador de histórias tudo numa pessoa só.

Foi um sucesso imediato. Aquela moça africana sociável podia então usar suas especialidades culinárias e suas habilidades de se comunicar e de representar para entreter as pessoas e esclarecê-las sobre a sua própria cultura. Enquanto comiam uma deliciosa iguaria africana, eu as regalava com histórias da minha vida e com narrativas africanas tradicionais. Sempre sonhei com uma carreira que envolvesse teatro, mesmo quando me diziam que as boas moças não sobem nos palcos. O meu prazer só foi maior quando Sabores da África foi adaptado para um série de televisão, e me vi em solo africano filmando segmentos do meu próprio programa de TV — um sonho que se tornou realidade.

※※※ ※※

Usar a comida como meio de representação não é um conceito novo. Mas uma mulher negra que usa a comida para representar abre caminho para um sem-número de interpretações e de questões políticas. As mulheres negras sempre tiveram uma relação deliciosa com a comida. Até hoje, para a maior parte das mulheres negras do mundo, a comida ainda significa vida, e não culpa. A sociedade moderna nos preparou para revelarmos os aspectos da nossa formação e isso inclui, amplamente, a comida e o ato de comer. Aí reside o poder.

Com as histórias que se seguem, cenas da minha vida e da minha cultura, eu o convido, leitor, a juntar-se a mim na sua própria festa com um típico jantar africano. Na minha cultura africana, celebramos muitos, muitos ritos de passagem: dar nome ao recém-nascido, purificar a mãe depois do nascimento do bebê, mostrar o caminho da casa do pai à criança, celebrar o nascimento do terceiro menino ou da terceira menina numa família, rituais da puberdade, casamentos, aniversários, convalescença de uma enfermidade, escapar de acidentes... e a lista não termina nunca. Ao contar as histórias a seguir, percebo que criei uma espécie de narrativa de ritos de passagem da minha própria vida — as coisas que vivi, boas e ruins, que fizeram de mim a mulher que sou hoje. Particularmente, escolho celebrar todos esses momentos — os alegres e os dolorosos — porque são todos partes do que eu sou, e lições de como ganhamos forças. Convido-o, leitor, a celebrar comigo.

Em Gana, nenhuma celebração é completa sem uma libação — líquido oferecido a uma pessoa para que ela o derrame de maneira cerimoniosa, invocando, ao mesmo tempo, encantações, preces, agradecimentos e convites aos espíritos dos ancestrais mortos há muito tempo. Uma pessoa pode fazer a libação sozinha ou nas cerimônias, encontros e sempre antes de um acontecimento importante.

Essa prática prevalece ainda hoje na África Ocidental. Embora seja possível usar apenas água, esses dias tradicionais pedem destilados mais fortes, como vinho de palmeira, genebra ou gim. Na verdade, todas as vezes que os africanos ocidentais abrem uma garrafa de bebida, eles derramam as primeiras gotas no chão, oferecendo-as aos ancestrais, antes de dar de beber a quem quer que seja.

Apesar de séria e inspiradora, a libação também pode ser divertida. Adoro ser anfitriã de festas, e geralmente preparo uma das minhas "armas letais" de coquetéis de rum para cada tipo de invocação. As combinações que se seguem não se destinam necessariamente a ocasiões específicas; gosto de criar bebidas que se adequam às diferentes personalidades dos meus amigos.

O que se segue é a minha Arma Letal 5. O método de produção é o mesmo em todos os casos, só os ingredientes variam. Cada receita é suficiente para uma festa, e deve dar para cerca de doze (dois drinques por pessoa) ou vinte (apenas uma dose por pessoa) doses. Lembre-se de que dá azar beber antes de fazer a libação.

✕✕ 1. DELÍCIA TROPICAL ✕✕

3 xícaras-chá de rum branco
4 xícaras-chá de suco de frutas tropicais
(manga, goiaba, abacaxi etc.)
1 xícara-chá de licor de pêssego
Bastante gelo picado

Preparo

Coloque todos os ingredientes no liquidificador, com um pouco de gelo. Bata bem.

Depois derrame em copos longos, juntando o restante do gelo.

✕✕ 2. MANGO-TANGO ✕✕

3 xícaras-chá de rum branco
4 xícaras-chá de suco de manga
1 xícara-chá de licor de manga
Bastante gelo picado

Preparo

No liquidificador, coloque o suco, o licor, o gelo picado e bata um pouco; depois acrescente o rum e bata mais um pouco.

Sirva em seguida em copo com gelo.

�֍✖ 3. RAÍZES ✖✖

3 xícaras-chá de rum branco

4 xícaras-chá de suco de manga

1 xícara-chá de licor de coco

2 colheres-chá de raiz de gengibre ralada

Bastante gelo picado

Preparo

No liquidificador, coloque todos os ingredientes com um pouco de gelo, reservando o restante para decorar o drinque.

✖✖ 4. SAUDADE DE VOCÊ ✖✖

3 xícaras-chá de rum branco

4 xícaras-chá de suco de abacaxi

½ xícara-chá de licor de abacaxi

½ xícara-chá de licor de coco

Bastante gelo picado

Preparo

No liquidificador, coloque todos os ingredientes com um pouco de gelo. Bata bem.

Depois junte o restante do gelo e sirva em copos longos.

✖✖ 5. QUANTO MAIS PRETA ✖✖ A BAGA MAIS DOCE O SUCO

3 xícaras-chá de rum branco

4 xícaras-chá de suco de groselha

1 xícara-chá de licor de ameixa preta

½ xícara-chá de licor de framboesa

½ xícara-chá de licor de morango

Bastante gelo picado

Preparo

No liquidificador, coloque todos os ingredientes com um pouco de gelo. Bata bem.

Depois junte o restante do gelo, servindo em copos longos.

A próxima bebida também é uma das favoritas nas festas. Dá para duas pessoas, mas você pode achar mais divertido dividir um copo com um amigo íntimo. O pó de prata está disponível nas confeitarias; geralmente é usado para cobrir bolos de casamento e outros pratos excêntricos.

O CAVALEIRO DA ARMADURA BRILHANTE

1 colher-sopa (15 g) de pó de prata comestível
1 xícara-chá de sorvete de baunilha
1 ½ xícara-chá de licor de café

Preparo

Bata no liquidificador o sorvete juntamente com 1 xícara-chá de licor de café; depois despeje cuidadosamente a mistura até 3/4 da altura de copo longo, completando o volume com o restante do licor. Decore com o restante do pó de prata.

Preparo do copo

Deixe dois copos do tipo longo drinque por uma noite no freezer; depois, salpique-os com pó de prata por dentro e por fora.

Os copos voltam ao freezer até o momento de servir.

Agora eu digo "Asenta", que significa "Adivinha o que aconteceu?". Você deve responder "Oba", que significa "Conte-nos... estamos prontos para recebê-la". E agora posso começar a lhe contar a minha história.

Papai: A. K. *ou Naaste ou* Ayitey Kojo Addy

A Primeira Vez na Vida que Cozinhei para Meu Pai

Nunca fui uma cozinheira africana respeitada, mas sempre soube que a comida é a maneira mais rápida de conquistar amigos ou de fazer inimigos.

Lembro-me da primeira vez na vida que cozinhei para meu pai. Eu estava com quase cinco anos, e determinada a fazer-lhe um café da manhã tipicamente inglês. Por que uma garotinha africana escolhe começar a sua carreira culinária com um ovo frito na torrada, coberto com pimenta-preta e decorado com fatias de tomates, não sei dizer. Eu achava, naquela época, que era o café da manhã preferido da elite esclarecida de Gana, e meu pai, um médico, pertencia a essa categoria.

Mamãe e papai tinham comprado para mim um fogãozinho de bronze oblongo, uma versão em miniatura do fogão a lenha de minha mãe. Era um apetrecho real, de verdade, que acendíamos com as mesmas chapas de álcool metilado com que costumávamos acender as nossas lanternas na época em que não tínhamos eletricidade.

Para ligar o meu fogãozinho, bastava apenas inserir uma placa de combustível na base do forno e acender. O calor da chapa subia e esquentava as bocas que ficavam na parte de cima do fogão, fazendo-o funcionar exatamente (isto é, mais ou menos) como um fogão de verdade. (Eu era supervisionada pela titia Aduorkor, mas na África é comum as crianças aprenderem a lidar com fogo bem mais cedo do que os seus vizinhos.) Naquela manhã, peguei a minha panelinha, coloquei-a em cima do fogão quente e passei um pouco de margarina Blueband nela. Fritei um ovo de galinha d'angola selvagem, salpicando sal em cima dele, como eu tinha visto mamãe fazer. Ôpa, caiu mais sal do que eu queria. Tudo bem, eu ia abrandar o gosto de sal com um pouquinho da pimenta-preta da mamãe e com um tantinho da sua pimenta-branca, espalhando-as uniformemente sobre o ovo. Dois espirros rápidos se seguiram, bem em cima da frigideira, e eu esqueci de tapar o nariz — um tabu, mas felizmente ninguém me viu. Virei o ovo. Quando acabei com o ovo, em ambos os sentidos, ele estava mais do que bem-feito. Estava, na verdade, totalmente massacrado. Eu não tinha percebido porque, enquanto estava cozinhando, usei a segunda boca do fogão para ferver água na chaleira. Eu queria fazer o "chá Milo" para meu pai — uma bebida a base de malte achocolatado em pó parecida com Ovomaltine. Depois, fatiei alguns tomates.

Pus o coitado do ovo duro num dos meus pratos de plástico, empurrei a panela para um lado e tostei o pão em cima da boca aquecida. Consegui tostar apenas um dos lados, porque estava com medo de que o ovo esfriasse. Na verdade, ele já estava bem frio quando o dei a meu pai, disposto deste modo no prato: o ovo no meio, meia fatia de pão cortada mais ou menos como um triângulo do lado, e uma xícara de Milo quente. Bem, Milo mais ou menos morno. Dispus minha obra-prima numa bandeja em miniatura e orgulhosamente a levei para o meu pai, que não suspeitava de nada. Depois de pôr a bandeja do lado da cama, chacoalhei meu pai para que ele acordasse.

"Bom dia, papai, trouxe o seu café da manhã."

Daquele dia me lembro do seu sorriso de satisfação e da felicidade antecipada no seu rosto; também me lembro de como o sorriso esfriou quando ele examinou a bandeja do seu café da manhã. (Ele não era homem que gostava de perder o sono.) Mas, mesmo assim, sentou-se na cama e disse: "Obrigado. Obrigado, minha querida, por esse café da manhã maravilhoso", estalou os lábios e esfregou as mãos, demonstrando contentamento.

Sentei ao seu lado, olhando, com entusiasmo, o seu rosto sonado enquanto ele engolia — com dificuldade — cada naco super-salgado daquilo que percebi, então, ser um ovo frito de aspecto medonho. Sorria para mim a cada bocado, e não falou nada até terminar.

Eu estava muito orgulhosa. Na hora em que ele engoliu o último naco e esvaziou a xícara, saí correndo do quatro para contar à minha mãe como eu tinha feito o café da manhã do papai e o quanto ele tinha gostado. E podia fazer o café da manhã dele de novo?

Não cozinhei de novo para o meu pai por muitos, muitos anos.

⁂

Mas, anos depois, eu o fiz de novo. Quando tinha catorze anos, papai foi enviado a uma cidade do interior chamada Kibi para administrar o teatro de lá. Nas férias escolares, mamãe me mandava para lá a fim de lhe fazer companhia, até que ela própria não pudesse ir — estava muito ocupada fazendo partos em Kumasi.

Até hoje, adoro passar o tempo com meu pai. Ele é levado, esperto, e um comediante nato. Todas as vezes que eu desobedecia, mamãe me despachava para que ele me disciplinasse. Papai pedia que eu fechasse a porta, punha o braço em volta dos meus ombros e dizia: "Não sei do que se trata, mas se aborrece a mamãe, tente não fazer, tudo bem? Agora vá, e se a mamãe perguntar diga que eu lhe dei um corretivo". E apertávamos as mãos para selar o nosso segredo.

Certa tarde, quando estava com papai em Kibi, decidi fazer galinha ensopada com arroz para ele. Na verdade, me virei bem, apesar de o arroz ter ficado duro e esmigalhado. Na vez seguinte, o arroz ficou para lá de papa, então combinamos que dali para a frente ele faria o arroz e eu, o ensopado. Assim, ambos comemos bem pelo resto das minhas férias.

De noite, costumávamos jogar dominó, mas, algumas vezes, ele representava várias histórias tradicionais para mim, rosnando feito um leopardo e rugindo como um leão enquanto andava pela casa. De fato, ele era um maravilhoso contador de histórias — um talento que, em geral, usava habilidosamente em benefício próprio. Nas noites em que queria sair com os amigos, costumava me contar terríveis histórias de fantasmas a fim de me amedrontar, para que, assim, eu fosse direto para a cama e me escondesse debaixo das cobertas até de manhã. Como você deve saber, nos países ocidentais os pais contam aos filhos contos de fadas visando embalá-los para o sono, mas na África contamos aos nossos filhos histórias fantasmagóricas com o objetivo de que eles, assim, fiquem bem assustados e não saiam da cama antes do nascer do sol. Isso realmente dá certo.

Eis uma das histórias que ele me contou:

HISTÓRIA ASSUSTADORA DE FANTASMA

Era uma vez duas irmãs gêmeas. Uma era linda e tudo a favorecia: voz bonita e cabelo legal, além de ser boa nos esportes e brilhante na escola. A outra irmã, contudo, era feiosa, desajeitada, atrasada na escola, e tinha um cabelo horrível, embaraçado e difícil de pentear. Na verdade, o seu único talento era conseguir falar com os pássaros. A menina bonita, a gêmea mais velha, chamava-se Atta Panin, e a feiosa, a gêmea mais nova, chamava-se Atta Kakra, mas todo mundo as chamava de Panin e Kakra.

Os pais das gêmeas gostavam muito de ambas, mas passavam a maior parte do tempo preocupados com a irmã feiosa, especialmente porque todo mundo no vilarejo dava muito mais atenção à garota bonita. Mas, visto que eram pessoas esclarecidas, nunca externavam as suas preocupações e tentavam tratar as duas meninas igualmente.

Certo dia, compraram para cada uma o presente que elas mais queriam no mundo: uma corda de pular para Panin e um papagaio para Kakra. Enquanto Panin pulava graciosamente pelo vilarejo, Kakra passava o tempo nos bosques, sozinha com seu adorado papagaio. Ela entendia a linguagem dele perfeitamente, mas queria que ele também entendesse a dos homens. Não tendo certeza de que seus pais aprovariam isso, ela achou melhor manter o projeto em sigilo absoluto.

Mas sem que Kakra soubesse, havia outro visitante regular daqueles bosques — um belo guerreiro que morava a dois vilarejos dali. O seu adorado gavião fora ferido, e ele o estava ensinando a usar suas asas feridas novamente. Kakra não sabia nada sobre o guerreiro, mas sempre ouvia o gavião no céu, lamentando o fato de quanto lhe doía voar, e amaldiçoando a pessoa que o forçava a fazer uma coisa tão dolorosa. Ela gritava muitas coisas agradáveis para o gavião, sem perceber que o seu dono estava espiando do seu esconderijo. Ele estava fascinado pela garota — como ela conseguia entender o que significavam as lágrimas do seu gavião? E como podia ela responder-lhe daquela maneira? Ele era muito bom com pássaros, mas não tão bom quanto ela.

Alguns dias depois de observar Kakra com os pássaros, o jovem guerreiro decidiu apresentar-se a ela. Encheu as mãos de cereais e, quando o papagaio de Kakra voou para os bosques na frente dela (como sempre fazia), o rapaz ergueu as mãos e ofereceu o presente ao pássaro. Kakra apareceu, e os dois humanos começaram a conversar, e logo perceberam que o amor deles pelos animais era igual.

Planejaram encontrar-se novamente e, algum tempo depois, Kakra, a gêmea feiosa, estava sempre em companhia de um belo, respeitado, e rico rapaz. Na verdade, ela ia se casar com ele.

Quando a notícia se espalhou, Panin ficou com muito ciúme de sua irmã mais nova, e urdiu um plano cruel para tirá-la da jogada. Desse modo quem se casaria com o guerreiro, seria ela e não sua irmã feia e indigna dele. Quando Panin ficou sabendo que ele não poderia encontrar-se com Kakra nos bosques no decorrer da semana seguinte, pois estaria supervisionando os preparativos do casamento, percebeu que era hora de agir.

Por vários dias Panin trabalhou secretamente, amarrando várias sementes coloridas para fazer um lindo colar de contas. Quando ficou pronto, ela percebeu que ele era irresistível. Certa manhã, levantou cedo para pôr o seu maldoso plano em ação. Aventurando-se nos bosques, foi direto para um grande lago que ficava no meio das árvores e nadou em direção à parte mais funda. Vale lembrar que ela não era apenas bonita, mas também atlética e uma ótima nadadora, enquanto a pobre Kakra não sabia nadar nem um pouco. A malvada Panin salpicou punhados de grãos deliciosos sobre as grandes folhas verdes do lírio d'água que flutuava sobre águas profundas, e pôs o lindo colar sobre a planta. Quando terminou, foi para casa dormir, sabendo que o papagaio de Kakra não conseguiria resistir aos saborosos grãos sobre o lírio d'água — lírio d'água que flutuava sobre a parte mais funda do lago.

Com certeza, a armação funcionou. Assim que o papagaio de Kakra voou alto à sua frente, como sempre fazia, ele viu os grãos sobre o lírio e grunhiu com satisfação. Quem teria sido tão atencioso, perguntou. Oh, deve ter sido o guerreiro cheio de amor. Mas espere, o que é aquela coisa colorida brilhando no meio dos grãos? Voou para mais perto a fim de examinar, e viu o colar de sementes. Deve ser para a noiva dele, que romântico; ele chamou Kakra, e ambos dançaram alegremente. O pássaro mergulhou para comer o grão, e Kakra o seguiu para ver o lindo colar que ele descrevera. Em geral ela brincava na parte rasa do lago e, não sendo uma nadadora, não fazia idéia de como ele podia tornar-se fundo tão rapidamente. De repente, o chão faltou sob seus pés e ela afundou na hora. Das profundezas, ela batia os pés, lutando para conseguir um pouco de ar e tentando desesperadamente agarrar-se em alguma coisa, mas não havia nada lá. Não conseguiu nem mesmo alcançar os lindos lírios.

O papagaio percebeu que a sua dona corria risco de vida, e tentou mergulhar e puxá-la pelos cabelos, mas ele simplesmente não era forte o bastante. (Nessa passagem, papai costumava fingir que era um pássaro, fazendo, com os dedos, uma espécie de bico, tentado "bicar" a coberta da cama.) Em pânico, o pobre pássaro voou o mais rápido possível para a casa de Kakra dando o alarme. (Aqui, papai costumava bater os braços e "voar" em volta do meu quarto grasnando feito um pássaro.) A família apressou-se em segui-lo, mas chegaram tarde demais. Kakra tinha afundado no lago.

Os pais dela ficaram perturbados e o guerreiro, inconsolável. O papagaio simplesmente ficava sentado num poleiro do lado de fora do quarto dela o dia todo, sacudindo-se para trás e para a frente e gritando o nome dela bem alto: Kakra, Kakra, Kakra. Panin, percebendo tarde demais a enormidade do que havia feito, estava cheia de culpa para admiti-lo. Na verdade, ela se calou e nunca mais disse uma palavra pelo resto da vida.

Mas a conta lenda que o fantasma da coitadinha da feiosa Kakra ainda grita nos lagos da região, numa tentativa de prevenir que aconteça o mesmo com outras garotas inocentes.

Aqui, papai costumava baixar a voz e quase sussurrava: "Ela é até mesmo vista à noite, perto do lago, tentando achar o caminho de casa.

"Às vezes, chega na calada da noite como uma brisa que entra pelas janelas do quarto para avisar às garotas no sono que vejam por onde andam. Outras vezes, quando as meninas andam sozinhas, o fantasma aparece atrás delas como uma sombra, para alertá-las que nunca confiem em ninguém, nem mesmo na própria sombra."

De repente, papai costumava parar e examinar, nervosamente, o quarto com os olhos, assobiando e fazendo o assustador barulho do vento. "Você está ouvindo o vento rugir nas árvores lá fora? Talvez seja o fantasma de Kakra, querendo fazer-lhe uma visita. Acho melhor deixar as meninas conversando a sós!". Depois disso ele saía do meu quarto na ponta dos pés, deixando-me sozinha.

Depois de uma história como essa, eu ficava tão assustada que costumava puxar as cobertas até a cabeça e ficar completamente paralisada, não me importando em suar durante a noite, até pegar, sem perceber, no sono.

Papai sempre narrava suas histórias num lento *crescendo*, usando ação, sons e pausas dramáticas para aumentar a tensão até a hipnose (e às vezes até a paralisação!) final. Embora eu soubesse disso, ele era um contador de histórias e um ator tão bom que quase sempre eu me envolvia. Mas nem todas as histórias eram assustadoras. Às vezes, ele usava suas habilidades para ensinar outro tipo de lição, como no dia, em Kibi, em que acordou com uma terrível tosse. Eu queria que ele ficasse em casa para que eu pudesse tomar conta dele, mas papai insistiu em ir trabalhar. Fiquei muito chateada com ele, pois não conseguia entender por que ele não se permitia descansar um pouco para melhorar. Papai simplesmente disse que os seus pacientes precisavam dele, mas, para me acalmar, contou-me uma história antes de sair:

※∭※※∭

Certo dia um mensageiro na forma de um pássaro foi ao vilarejo dos animais e disse que o Elefante tinha perdido sua mãe. Todos estavam muito tristes e, visto que eram verdadeiros amigos e verdadeiros aldeões, sempre se ajudavam mutuamente. Então decidiram que iriam ajudar o Elefante a enterrar sua mãe. Ela morava cinco vilarejos adiante; isso dava um dia inteiro de viagem e todos deveriam levar uma pequena contribuição ou alguma coisa para comer.

Então a Tartaruga refletiu sobre isso. Pensou: ei! eu ando muito devagar. Todos vão chegar lá no final do dia, mas eu provavelmente só chegarei no fim da semana, depois de eles terem enterrado a mãe do Elefante e de já terem voltado. Então, planejou a viagem muito cuidadosamente.

Gritou para o Burro: "Ei, Irmão Burro, você é um bom amigo. Pode me ajudar?".

O Burro disse: "É claro, Irmã Tartaruga, os amigos servem para isso".

"Não tenho me sentido muito bem ultimamente", disse a Tartaruga. "Não terei condições de assistir ao funeral da mãe do Elefante, mas mesmo assim quero que você leve uma contribuição minha; apenas um tantinho para ajudar nas despesas do funeral e para alimentar os que irão ao velório. Sei que todos vão partir antes do pôr-do-sol, portanto, de manhãzinha, você pode vir à minha casa? Deixarei um pacotinho no degrau da frente. Se você puder levá-lo e entregá-lo por mim como minha contribuição, ficarei muito agradecida."

O Burro disse: "Tudo bem. Mas vá dormir agora, Irmã Tartaruga, porque parece que você não está muito bem. Vá e descanse um pouco".

E realmente, de manhãzinha, o Burro passou na casa da Tartaruga, pegou o pacote como combinado, e cuidadosamente o carregou por todo o caminho nas planícies, pelo alto capim e pela floresta, sobre as montanhas, pelos vales e rios, até chegar ao funeral da mãe do Elefante.

Todos se sentaram num círculo e puseram seus presentes no meio. Quando chegou a vez do Burro, ele depositou sua oferenda e disse: "Oh, a propósito, a Tartaruga não pôde vir porque não estava muito bem. Mas pediu que eu entregasse essa contribuição por ela, e aqui está".

O Burro pôs a oferenda da tartaruga no meio do círculo e quando a desembrulhou, adivinha o que aconteceu? A Tartaruga estava dentro do pacote. Ela achou uma maneira genial de o Burro carregá-la. Apesar de todos estarem num funeral, desataram a rir e congratularam a Tartaruga por sua esperteza.

"E a moral da história é", disse meu pai, olhando-me fixamente para ter certeza de que estava escutando, "quando o corpo a abandonar, você tem de deixar a mente governá-la. Nunca se esqueça disso. A mente sempre se encarrega do corpo."

Agora que estou mais velha, reflito sobre essa história quando a mente me diz, por exemplo, que posso dançar até de madrugada e ainda planejar trabalhar durante todo o dia seguinte, ou que posso jogar futebol tão agilmente quanto os mais novos. Apesar de isso acontecer sempre, o corpo me diz o contrário.

Foi uma boa história, papai, mas a sua moral não era totalmente verdadeira. Minha mente fica feliz em me governar, mas meu corpo não está muito interessado em ouvi-la. Parece que ele tem um problema de comportamento e uma mente própria.

Eis algumas receitas que papai e eu cozinhávamos em Kibi.

✳✳ ENSOPADO À NAA TSENKUA ✳✳

*(Tradução: "flor" é ensopado no dialeto ga,
e Naa Tsenkua é o meu nome ganense.)*

2 porções

½ kg de carne de boi ou de carneiro, cortada
em cubos
Sal e pimenta-do-reino
4 colheres-sopa de amido de milho
½ xícara de óleo de milho
2 cebolas grandes cortadas em cubos
1 pimenta-malagueta cortada fininho
1 pimenta verde cortada bem fininho
2 colheres-chá de gengibre ralado
4 tomates médios sem pele, em cubos
1 colher-sobremesa de extrato de tomate
1 litro de água
250 gramas de cogumelos pequenos

Preparo

Tempere a carne, passe-a no amido de milho, frite-a em óleo quente e reserve.

Na mesma frigideira, frite as cebolas até ficarem transparentes, as pimentas e o gengibre.

Em seguida acrescente os tomates, a carne, o extrato de tomate e os cogumelos, deixando cozinhar em fogo brando até que a carne fique macia e o molho encorpado.

Sirva quente com arroz e salada de acelga ou espinafre.

✖✖ REVIGORANTE DO ✖✖ CAFÉ DA MANHÃ E ARROZ DO PAPAI

2 porções

½ xícara-chá de azeite-de-dendê

1 cebola picada fina

1 pimenta-malagueta

1 tomate grande picado

1 colher-sopa de gengibre ralado

1 colher-sopa de camarão seco

1 colher-sopa de camarão fresco ou pitu

1 xícara-chá de ervilhas frescas

1 xícara-chá de arroz cozido

2 folhas de alface

Guarnição opcional:

    salsa, manjerição, ovos duros fatiados

Preparo

Numa frigideira aqueça o dendê, fritando as cebolas até dourar; junte a pimenta, o tomate e o gengibre, refogando por dois minutos.

Em seguida acrescente os camarões e as ervilhas, mexendo bem; prove o tempero; se precisar, coloque mais sal e pimenta.

Cozinhe por 5 minutos, misture ligeiramente o arroz e sirva quente sobre as folhas de alface, decorando com os ovos e as folhas de manjericão.

✳✳ OVOS SOFISTICADOS ✳✳

*Parece que escravos trouxeram uma receita similar
da Jamaica. Com o tempo, evoluiu para salobre, com muitas
características do prato jamaicano nacional.*

2 porções

4 ovos de galinha d'angola ou ovos grandes
200 gramas de bacalhau seco ou 1 tilápia sal-
    gada
1 colher-sopa de manteiga
2 colheres-sopa de azeite de oliva
2 dentes de alho amassados
1 cebola grande picada fino
1 pimenta-verde picada fino
Pimenta-do-reino branca fresca
3 folhas de acelga ou espinafre cortadas fino

Preparo

Deixe o bacalhau de molho na véspera; lave bem,
retire os espinhos e desfie.

Numa frigideira, junte o azeite e a manteiga; frite o
alho, a cebola, as pimentas e o bacalhau por cerca de 7
minutos, mexendo sempre.

Depois, disponha essa mistura pelas laterais da frigideira, deixando espaço no centro para colocar os ovos;
tempere, mesclando com um pouco do bacalhau, e depois de cozido, junte as tiras de acelga ou espinafre.

Sirva com legumes cozidos: inhame, banana-de-são-
tomé ou mandioca.

A Sabedoria de Minha Mãe

Minha mãe era uma mulher complexa — ao mesmo tempo minha fiel defensora e meu adversário mais feroz. Por várias razões, posso dizer que sou o que sou hoje graças a ela; ela me pressionava muito para que eu alcançasse os seus padrões de perfeição, mais do que eu hoje me pressiono. Gosto de pensar que, apesar de tudo, eu me divirto mais no processo.

A família de minha mãe pertencia à alta sociedade de Accra. O irmão de seu pai, Charles Woolhouse Bannerman, foi o primeiro juiz negro eleito em Gana durante o período colonial, e seu pai, Sam Bannerman (meu avô), trabalhava como escrivão da Suprema Corte. Esses irmãos e suas famílias eram senhores e senhoras da alta sociedade, treinados na eloqüência e nas maneiras britânicas tão valorizadas na época.

Desde a infância, as pessoas se dirigiam à minha mãe como Awula Naa Lamiley Bannerman, que queria dizer Senhora Naa Lamiley Bannerman. Minha tia Betty, sua irmã mais nova, ainda é chamada de Awuraba, que significa senhora mais jovem. E realmente, como é considerado desrespeitoso por parte das crianças ganenses chamar os adultos pelos seus prenomes, sempre chamamos minha tia Betty de Titia Awuraba — literalmente, "Titia Senhora."

Minha mãe, vindo de um berço altamente conceituado, preocupava-se em me manter na linha. Para tanto, recebi muitos tapas quando criança, algumas vezes bem severos; e todos, segundo ela, faziam um bem indelével à minha alma. Algumas vezes chegava até mesmo a me dar tapas profiláticos, mas somente quando eu estava tramando alguma travessura. Descobri, adulta, que essa prática não era exclusividade de minha mãe — mães de muitas amigas minhas fizeram a mesma coisa!

Minha mãe era ávida por justiça ainda, e uma destemida defensora de mulheres e crianças. Corria para a maternidade com minha tia Thelma, que sempre cuidava dos filhos de outras pessoas, freqüentemente deixando-os ficar em nossa casa. Parecia que acompanhava a evolução de todas as crianças cujos partos tinha feito e se, anos depois, alguma delas aparentava não estar prosperando, convidava a menina para tomar sempre um Milo quente ou bebidas à base de leite em pó para se certificar de que estava sendo adequadamente nutrida.

E a coisa não parava aí. Todas as vezes que mandava fazer roupas tradicionais numa costureira, insistia para que as sobras fossem transformadas em vestes para crianças, que ela dava às suas pequenas pupilas quando estas vinham comer.

Sempre brigava por uma causa justa, até mesmo contra forasteiros como as indústrias farmacêuticas estrangeiras que tentavam impingir medicamentos à nossa comunidade para testá-los, ou contra os seus próprios vizinhos. Uma das suas mais dilaceradoras últimas brigas foi com maridos e com mulheres idosas de alguns grupos étnicos que queriam que as esposas e as menininhas fossem circuncidadas.

Muitas mulheres idosas tinham elas mesmas se circunsidado, o que habitualmente significa uma clitoridectomia radical, deixando apenas os lábios maiores. Essa prática era tão comum que muitas, muitas pessoas ainda acreditavam que era a maneira certa e adequada de uma mulher satisfazer o seu homem. Assim sendo, as mulheres mais velhas eram em geral as mais ardentes propagadoras dessa horrível prática, e os homens costumavam embasar o seu apoio fazendo proselitismo junto à minha mãe.

"Desculpe-me, Senhora", eles costumavam dizer, "mas a nossa cultura diz que temos de respeitar a palavra das mulheres mais velhas, e essa minha tia é mais velha do que a senhora. Oh, sei que a senhora é uma parteira esclarecida e ninguém duvida de que aprendeu muito com os livros, mas ela é uma guardiã dos nossos costumes tradicionais, e a senhora tem de respeitar a palavra dela."

Isso sempre abalava minha mãe porque ela sabia, teoricamente, que eles estavam certos. Mas isso não a detinha. Ela tentava persuadi-los dizendo coisas do tipo, "Mas o bebê vai ficar com o sangue envenenado," explicando que sina horrível seria aquela.

Minha mamãe: Awura Elizabeth Naa Lamiley Bannerman-Addy

De vez em quando dava certo, mas a maioria das vezes, a tia costumava replicar, "Mas o meu sangue não foi envenenado. Estou aqui, viva".

Em situações semelhantes, mamãe costumava, na hora, lembrar o histórico médico da família e recordá-los de quantas menininhas deles *tinham* morrido. Mesmo quando as meninas não eram circunsidadas, ela costumava dizer: "Mas, vejam bem, aquelas menininhas que morreram tinham *medo* de serem mutiladas. É por isso que os espíritos delas perseguem vocês".

Mas quando não havia semelhantes mortes na família, é claro que ela tinha de encontrar uma história diferente. Em geral, dizia-lhes que o bebê em questão não estava bem e nada podia ser feito pelo menos por enquanto, até ele estar fora de perigo.

Quando não tinha mesmo jeito, ela não podia fazer muito contra a força da tradição. Uma das raríssimas vezes que vi minha mãe chorar foi depois que uma garotinha, a qual ela já tinha protegido, veio à nossa casa com treze anos de idade mostrar à mamãe o que haviam feito com ela. Mamãe ficou arrasada. Virou-se para mim e disse: "Meu Deus, eu tento tanto protegê-las, mas depois que crescem, não tenho controle algum. Com quantas mais aconteceu isso, Naa Tsenkua? Com quantas mais eu falhei?".

Eu não soube o que dizer. E continuo não sabendo.

✹✹✹✹ ✖ ✖ ✹✹✹✹

Embora eu geralmente me sentisse abandonada ou muito pressionada por minha mãe, percebo agora que ela era uma mulher de força e sabedoria admiráveis. E, realmente, de vez em quando me pego fazendo citações do seu vasto repertório de tiradas de gênio:

Quando um homem adulto se comporta de maneira desprezível:
Ele fez isso? Ele, um homem adulto, de barba e pêlo no saco, ele devia ter vergonha na cara.

Quando me queixo que as crianças ficam correndo como loucas depois do jantar:
Oh, deixe-os em paz, Dorinda. Barriga cheia, alegria e meia.

Quando me queixo de outras pessoas que me insultam:
Insultos não deixam marcas no corpo, então deixa pra lá.

Quanto estou tão ansiosa com um prazo que não consigo dormir:
Isso é um absurdo. Se você tem de terminar o trabalho, então termine dormindo.

Toda vez que alguém elogia meus irmãos ou eu mesma:
É sim, cara de anjo mas é um capetinha.

Se alguém se esquece de retribuir um favor:
Nada como um dia após o outro.

Quando lhe falei que estava pensando em me casar de novo:
Pra que você precisa se casar? Tudo o que você precisa é de um homem que a leve ao céu de vez em quando.

Para uma pessoa à qual não se podem fazer confidências:
Eles não aprenderam que em toda cabeça há uma sala de estar e um quarto. Os problemas particulares devem ficar no quarto sem serem perturbados. Os problemas da sala de estar são de consumo público.

Quando me queixo de que os meus irmãos são muito inconvenientes:

Não adianta reclamar que o seu nariz é feio; conforme-se, é o único que você tem.

Quando alguém fica esnobe e convencido:

Quem tem o rei na barriga, nem sempre é rei.

Quando alguém é egoísta em relação à comida:

Deixe que comam. Cedo ou tarde acaba saindo.

Finalmente, algumas sábias palavras de minha avó:

Neste mundo, não adianta muito ser tolo; agora, ser esperto demais atrai inveja. Mas um pouquinho de tolice misturado com uma dose saudável de esperteza faz milagres, e você continua humano.

Shooshoonsha, Shoonsha

O título deste capítulo se refere à balbúrdia que minha família costumava fazer, ritmicamente, para me encorajar a atuar. Mas, muito longe disso, eu achava que eles queriam me incentivar a fazer mais tarefas mundanas. Começando quando eu era muita nova, minha mãe me incumbiu de responsabilidades muito além do que eu podia visualizar. Acho que era a sua maneira de me congratular, de verdade, porque dizia coisas do tipo. "Sei que você é capaz e confiável e que executará eficazmente qualquer tarefa que eu lhe der". Sendo uma garota descolada, houve muitas vezes em que aproveitei essas oportunidades, e essa é a história de uma que se revelou extraordinariamente adequada para mim.

Não me lembro exatamente de quantos anos eu tinha quando os acontecimentos seguintes ocorreram. Acho que devia ter cerca de três ou quatro anos, mas minha mãe diz que eu tinha quase cinco. De qualquer modo, aconteceu na época em que minha mãe e minha tia Thelma introduziram o conceito revolucionário de cuidado pré-natal entre as mulheres que as circundavam, na tentativa de reduzir a mortalidade infantil e materna mediante alimentação adequada e *check-ups* regulares. Essa abordagem provou ser tão bem-sucedida que elas logo perceberam a necessidade de se estabelecer orientações regulares de pré-natal e consultas clínicas toda terça e quarta-feira; meu trabalho era tomar conta dos filhos das mulheres grávidas que iam se consultar no posto médico.

Eu tinha de cuidar de três a seis crianças por vez. Porque eu mesma era uma criança, não dava conta de cuidar delas como uma verdadeira babá, mas podia certamente entretê-las e mantê-las longe da barra da saia de qualquer pessoa. (Titia Jane, auxiliar de enfermagem rural, estava lá para ajudar qualquer criança que quisesse ir ao banheiro ou precisasse que lhe trocassem a fralda.)

Com o tempo, o sucesso do posto médico pré-natal de Thelma chegou aos ouvidos da Asantehene Otomfuo Nana Agyeman Prempeh, o chefe real Achanti. Como era de costume, Sua Majestade Real tinha muitas esposas, e recomendava que todas fossem ao posto médico. (Muitas vezes eu ficava imaginando quantas esposas ele tinha, mas não seria de bom tom perguntar, então nunca o fiz.) Conseqüentemente, mamãe e tia Thelma se tornaram as parteiras preferidas da família real, uma grandíssima honra. Em respeito à monarquia, tia Thelma e mamãe estabeleceram que começariam a atender as esposas reais duas horas antes do restante das pacientes. Começavam a atender as esposas reais às 6 horas da manhã e geralmente terminavam por volta de 7h15; o que lhes dava meia hora de descanso para tomar uma xícara de chá ou café, escrever os relatórios, e pôr tudo em ordem antes que todas viessem para sua consulta regular.

O horário oficial de eu começar a cuidar das crianças era às 8h15, mas eu estava ansiosa para ver (e entreter) as crianças reais. Não sei como, convenci minha mãe a me levar com ela para as primeiras consultas. Mas para surpresa minha, as esposas reais não levaram nenhum dos seus filhos — não precisavam fazê-lo. As crianças ficavam aos cuidados de suas vovozinhas e de seus outros familiares. Mas eu estava louca para cuidar de *alguém*, portanto não ia deixar a ausência de crianças, meu auditório comum, me deter. Eu ia atuar!

Na verdade, sempre adorei representar. Que me lembre, sempre entreti a mim mesma e aos outros cantando e dançando. Quando eu era criança, um dos meus lugares preferidos para encenar era em frente ao rádio, especialmente na Big Bandstand Hour, que entrava no ar somente por volta das 6 da manhã e apresentava grandes bandas como do tipo Glen Miller.

Ah, as horas felizes que passei com Glen Miller. Eu adorava sua música; era rápida, quente e excitante e eu nunca perdia a oportunidade de ouvi-la. E, de fato, eu nunca perdi uma cadência. Algumas vezes, eu mesma criava meus próprios passos de dança, outras vezes copiava os movimentos que tinha visto as crianças mais velhas fazer, e acrescentava ornamentos por conta própria. Tinha em mente que os adultos ficariam impressionados com as minhas proezas e, então, quando as esposas reais apareciam para a consulta, eu estava pronta.

Esperava até que minha mãe e tia Thelma entrassem no consultório com suas primeiras pacientes, e, então, corria para a saleta contígua à recepção, ligava o rádio e começava minha rotina. Dançava na sala de espera com uma das mãos no quadril e a outra serpenteando naturalmente no ar, na minha melhor interpretação de dançarina de jazz. Um ou dois rodopios e eu sacudia para virar os quadris para um lado, dobrando os joelhos e rodopiando — em qualquer direção. As mulheres adoravam, batiam palmas e riam histericamente. Toda vez que eu ouvia o ruído da porta do consultório, desligava o rádio e ia correndo me sentar antes que minha mãe viesse chamar a paciente seguinte. Isso fazia as mulheres rirem mais. Mamãe pensava que eu as estava divertindo com récitas brilhantes que ela havia me ensinado, e as mulheres reais eram leais. Sabiam exatamente o que eu estava fazendo, e jamais contaram à mamãe.

Tenho certeza de que aquelas mulheres estavam mais do que nervosas com a idéia de serem examinadas. Acostumadas a serem tratadas com certa dose de respeito, não sabiam o que esperar naquela situação nova. E embora minha mãe sempre fosse respeitosa, isso não as isentava de serem entrevistadas, picadas no dedo para um exame de sangue, obrigadas a recolher a urina em recipientes de exame e de serem, ainda, pesadas, cutucadas e espremidas de várias formas invasivas. O meu showzinho deve ter-lhes proporcionado certo alívio. E, é claro, eu ficava toda cheia; eu tinha um auditório cativo porque elas não iam para outro lugar senão ao banheiro. Tornou-se uma *performance* com horário fixo para as esposas reais.

No fim, quando as últimas pacientes já tinham entrado, eu costumava, num lance final, pegar uma velha panela amassada e passá-la para que minha assistência pudesse mostrar a sua apreciação com doações de doces ou de outras oferendas. Às vezes eu chegava a ficar com mais de duas libras no bolso (3.50 dólares). Naquelas raras ocasiões, eu pegava minhas duas colheres e brincava com elas nos joelhos, dando um espetáculo extra. Eu era uma verdadeira canastrona.

Mais cedo ou mais tarde, minha mãe ficaria sabendo o que estava realmente se passando. E soube, mais cedo do que tarde. Basta dizer que ela não ficou impressionada, mas controlou a raiva enquanto as pacientes estavam lá.

"Como é que você me coloca numa situação dessa?", ela perguntou quando a última paciente foi embora. "Você vem recebendo presentes de estranhos, coletando dinheiro das minhas pacientes pagantes. Você não percebe a dimensão da coisa? As pessoas vão pensar que estamos desesperadas. E quanto a essa dança barata, ela é imprópria para senhoras e vulgar."

Não, eu não conseguia ver qual era o problema. Estava aniquilada. Os presentes eram para mim, por um trabalho bem-feito — Como ela podia dizer aquelas coisas? Minhas danças faziam as pessoas rir, eram divertidas, as pessoas adoravam.

Mas a minha opinião não importava. Nunca mais dancei na Maternidade da Thelma. Desde então, mamãe trazia alguns brinquedos e me fazia sentar e brincar com as crianças em outra sala, longe das pacientes do pré-natal. Mesmo assim, algo maravilhoso surgiu dos meus rodopios impróprios para senhoras.

Numa terça-feira, depois das primeiras consultas, ouvi uma das esposas reais perguntar à mamãe: "Posso ver a sua menininha? Queremos que ela venha e nos entretenha".

Minha mãe respondeu: "Bem, ela tem umas coisas para fazer..."

Mas a mulher insistiu. Aparentemente, na semana anterior, mamãe tinha prometido que elas poderiam me ver, e ela sabia que, se eu não aparecesse logo, elas continuariam sentadas quando a próxima leva de pacientes chegasse. Então fui levada para a frente das esposas reais. Não dancei. Por alguma razão, eu, na verdade, me sentia muito envergonhada, como nunca havia imaginado antes. Baixei a cabeça e fiquei olhando para os pés.

As mulheres começaram a passar a mão pelos meus cabelos, no couro cabeludo e na testa. "Ela é uma de nós", declararam. "Veja a sua testa larga. Ela é uma achanti Real. Sinta." E me passaram de mulher para mulher para que me examinassem.

Um pouco depois, comecei a pensar que talvez elas estivessem aproveitando a oportunidade para retribuir à minha mãe por todos aqueles meses de cutucadas no consultório.

Uma das esposas reais, Nana Akua, disse à minha mãe: "Deixe-me levar essa criança comigo para o palácio. Não a deixe desperdiçar os seus dons para a dança diante do rádio; assumirei a responsabilidade de lhe ensinar as danças Adowa, as danças tradicionais do povo achanti, e também lhe ensinarei as nossas canções".

E, imediatamente, na sala de espera da Maternidade da Thelma, Nana Akua e as esposas reais começaram a cantar. Aprendi duas canções tradicionais naquele dia, enquanto minha mãe ficou assistindo. Acho que ela estava um pouquinho orgulhosa, mesmo que não quisesse admitir.

Antes que fosse embora aquela manhã, Nana Akua pôs minhas mãos na suas e me puxou para perto dela. Olhando nos meus olhos, disse: "Você tem um talento natural. Há um espírito que atua dentro de você. Esse dom deve ser incentivado e aproveitado, e eu vou ajudá-la". Em Gana, nós na verdade não temos uma palavra para talento, mas o que ela realmente disse significava: "Você tem um espírito dado por Deus dentro de você que lhe dá a coragem de ficar na frente das pessoas e fazer um show, sem inibição".

Na época não percebi a magnitude do que ela estava me dizendo. Simplesmente pensei que lá estava uma senhora que entendia como uma garotinha podia desfrutar de um tantinho de Glen Miller e ganhar bastante dinheiro. Eu ficaria feliz em segui-la até o fim do arco-íris. Nenhuma de nós percebeu a profundidade da sua afirmação.

Chegou-se a um acordo com minha mãe segundo o qual toda semana, quando Nana Akua viesse para a supervisão pré-natal, ela me levaria para o palácio; prometeu que me traria de volta para casa na hora do almoço. E esse foi o começo de minha introdução na família real e nas danças, nas músicas e nos ritmos tradicionais da corte e de outros frutos da minha ascendência pura.

É uma pena que Nana Akua, ou Titia Elizabeth como vim mais tarde a chamá-la, não possa ver os frutos das sementes de sabedoria que ela plantou. Se eu tivesse seguido os meus primeiros sonhos e inclinações, poderia eu mesma ter-me consagrado como Glenda Miller e ter a minha própria banda de rock. Quem sabe? Mas eu não ficaria tão conectada à minha cultura africana, e essa conexão trouxe tantas recompensas.

⁂

Num dia quente de verão, no lar que adotei na Austrália, eu estava descansando na grama de um parque público, lendo. De algum lugar distante, vagamente percebi que estava ouvindo uma criança cantar. Desviei os olhos do livro por um instante e ouvi, ouvi mesmo.

Era uma canção akan de Gana, uma música de pescador, e vinha acompanhada pelo som de certo ritmo mais rude. Lentamente virei a cabeça para o lado para ver de onde o som estava vindo. Numa trilha que ficava lá perto, vi um pai e uma mãe fazendo piquenique com duas crianças. A menininha estava dançando em volta dele e cantando, "Sisiribom, tabonobom, sisiribom, tabonobom", um ritmo fanti de pescadores que eu tinha ensinado a muitas crianças por muitos anos, por meio do meu programa de levar a cultura africana às escolas. O garotinho estava tamborilando em alguns livros com os sapatos

O pai disse aos filhos: "Que droga é essa? De onde vocês tiraram isso?".

Muito calmamente, a menininha parou de dançar. Torceu o nariz e olhou para os pais, dizendo: "Não é uma droga, é uma canção africana. Dorinda nos mostrou na escola. É muito legal, vocês querem aprender?".

"Não, obrigado", responderam os pais.

Destemida, a garotinha falou: "Olhem, vou lhes mostrar", e as crianças continuaram a música. Quando terminou, parou e os encarou, obviamente esperando aplausos.

Os pais bateram palmas de má vontade, com certeza em consideração às crianças.

"Vocês não vão aplaudir direito?", a menininha perguntou. "Vocês devem aplaudir, pois é isso que se faz nos vilarejos africanos. As pessoas aplaudem bem forte e com isso nos dizem como foi maravilhoso. Dorinda disse."

Eu estava atordoada e um pouco hesitante em revelar minha identidade naquele momento. Esperei até que a família estivesse prestes a ir embora e, então, levantei e atravessei a grama. Quando me aproximava, a menininha me reconheceu e veio correndo.

"Dorinda! Dorinda!" Ela me abraçou e, pegando a minha mão, levou-me até os pais. "Mamãe e Papai, esta é Dorinda. Ela deve ter ouvido minha canção, então veio até aqui."

O menininho me olhou e disse: "Oi, Dorinda, já sei batucar, então posso ir à África?".

Abracei as crianças e agradeci aos pais pela oportunidade de partilhar minha cultura com os seus filhos. Depois que eles foram embora, fiquei um bom tempo grudada no chão com um sorriso no rosto. Dos 30 milhões de crianças com que trabalho todo ano, se apenas uma única consegue guardar a canção da alegria e passá-la para os outros, eu estou vencendo.

✕✕✕ ⚏⚏⚏ ✕ ✕ ⚏⚏⚏

As pessoas sempre querem saber sobre as minhas visitas ao palácio — como eram, o que comíamos, que segredos aprendi? Bem, é uma situação muito difícil para mim, porque a contadora de histórias que existe em mim me obriga a fazer isso, mas a ganense não pode. Era um privilégio muito especial ter permissão para entrar no santuário interno do palácio achanti, especialmente com pouca idade, mas divulgar os tipos de ritual que me era permitido testemunhar lá seria o cúmulo de ingratidão, uma verdadeira traição a uma confiança quase sagrada.

Posso dizer que estava sempre espantada durante o tempo em que passei no palácio porque sabia que, a cada passo que eu dava entre aquelas árvores e naquele solo vermelho, eu estava quase literalmente seguindo as pegadas dos maiores líderes do meu povo. Havia um quê de mistério, de história antiga, impregnado de libações, cerimônias, e rituais secretos que só de pensar neles eu ficava constantemente maravilhada.

E às pessoas curiosas quanto à comida, eu respondo que a noção de pratos especiais e elegantes ingeridos pela realeza é uma coisa muito ocidental. As achantis reais comem a mesma comida que qualquer outra pessoa, embora as receitas seguintes sejam particularmente favoritas no palácio:

✕✕ SOPA DE PALMITO ✕✕ COM FUFU

De 4 a 6 porções

800 gramas de palmito fresco em gomos

1 xícara de água

1 kg de carne de vaca ou cordeiro, cortada em
cubos

4 pedaços de pé de porco salgado

2 cebolas grandes cortadas fino

1 lata de purê de tomate

1 xícara de água fervida

4 cogumelos grandes

2 caranguejos gigantes, cozidos inteiros em
água e sal

1 kg de filé de peixe defumado cozido

Pimenta-do-reino e sal a gosto

Preparo

Numa panela coloque a carne, o pé de porco corta-do e dessalgado, a cebola e a água, cozinhando em fogo brando até a carne ficar chamuscada; depois acrescente o purê de tomate, deixando cozinhar por mais 15 minutos.

À parte, junte o palmito e a água fervida, batendo com uma colher de pau, até obter uma massa cremosa.

Na panela fervente, adicione a massa de palmito e os caranguejos; tempere com pimenta e deixe cozinhar por cerca de 40 minutos, mexendo algumas vezes para não grudar.

Acrescente o filé de peixe em nacos, e faça ferver lentamente até a carne ficar macia, e a sopa, cremosa.

Sirva com Fufu.

✖✖ FUFU – ANGU DE BATATAS ✖✖

De 4 a 6 porções

150 gramas de fécula de batata
6 xícaras-chá de água fervida
1 ½ xícara de água morna
180 gramas de flocos de batatas instantânea

Preparo

Numa panela, coloque metade da água fervida, para aquecê-la. Em um tigela média misture a fécula com a água morna, mexendo até obter uma massa cremosa.

Na hora de cozinhar, jogue a água da panela fora; coloque os flocos de batata instantânea na panela quente, juntando as restantes 3 xícaras d'água fervida, até encobrir os flocos.

Não mexa ainda; verifique se a mistura da fécula está totalmente dissolvida e então derrame-a sobre os flocos, mexendo rapidamente, misturando bem as duas massas: a rapidez nesse momento é essencial.

Quando a massa estiver firme e macia, molhe suas mãos e faça bolas médias, colocando-as numa tigela pequena, umedecida com água fria.

PEIXE SALGADO AO CREME DE ESPINAFRE

De 2 a 4 porções

1 kg de espinafre fresco
1 peixe salgado de aprox. 250 gramas
4 minibananas cortadas em cubos
8 inhames cortados em cubos
8 batatas pequenas cortadas em cubos
2 cebolas cortadas em rodelas finas
4 tomates pequenos cortados em cubos
2 dentes de alho amassados
2 colheres-sopa de óleo
1 colher-sopa de açafrão

Preparo

Deixe o peixe de molho na véspera; no dia seguinte limpe-o, tire os espinhos, corte-o em cubos e reserve.

Cozinhe os legumes no vapor. Reserve.

No liquidificador, coloque o espinafre cozido, as cebolas, os tomates, metade do peixe e batata até formar um creme.

Numa frigideira aqueça o óleo, fritando o alho ate dourar; tire a frigideira do fogo e acrescente o açafrão.

Sirva a mistura verde em tigelas individuais, regue com açafrão, salpicado com o restante do peixe; decore com os legumes cozidos.

É tradicional e nutritivo café da manhã.

Estas são as canções que as mulheres reais achantis cantavam para mim:

Bonsuo nana e ee
Ouça-me neto de Bonsuo

Bonsuo nana nagyemedo ee
Ouça-me neto de Bonsuo que responde quando eu chamo

Kegyatia na wayembonee papa
Kejetia me ofendeu muito

Mehuu Naa 'Sei muhuuyanka mamba oo
Se eu conhecesse Naa 'Sei, eu não teria vindo

Mehuuyanka mamba oo no ee, Eno eniwaa ee
Se eu conhecesse, não teria vindo, querida mãe ancestral Eniwa

Kwasea nagyemedo no ee
O idiota me fez de bobo (no supermercado)

Mifri Mampong dwa ooo
Estou vindo do mercado Mampong, ooo

Mifri Mampong dwa ee bunuwa ee bunuwa ee
Estou vindo do mercado Mampong, bunuwa ee bunuwa ee

Obi mbehwe nia mede aba ooo
Alguém venha ver o que eu trouxe, ooo

Obi mfere Nana 'Sei mmame, Obi mfere Nan 'Sei mmame
Alguém chame Nana 'Sei para mim, Alguém chame Nana 'Sei para mim

Nana Osei Agyeman Nana onnie, Agyeman Nana daadaa no eee
Nana Osei Agyeman, aqui está ele, Agyeman Nana agora o agrada

Hey, boniama oo, emaa beku mmarima agya eee
Ei, Booni Ama, ooo. As mulheres vão matar os homens e deixá-los

A segunda canção, não sugere que as mulheres vão literalmente matar os homens, mas que desde os tempos imemoriais elas têm adulado os homens demais. Naa 'Sei (ou Nana Osei) é claramente alguém muito importante, provavelmente um dos nossos primeiros chefes.

Canções desse tipo tendem a ser sobre figuras públicas — restritas a monarcas e homens lendários de valor. São geralmente cantadas pelas mulheres nas ocasiões especiais em que é apropriado exaltar as virtudes de alguém, embora também possam ser satirizadas para contar novamente histórias engraçadas sobre a má conduta de uma pessoa. Assemelham-se mais às primeiras canções caribenhas, tipo calipso, e, realmente, não é insensato afirmar que a arte se originou em Gana e foi espalhada no comércio escravo para as Ilhas.

Como você pode dizer, muitas dessas canções infelizmente perdem muito do seu encanto e cor quando traduzidas para o inglês.

Peixe de Bambu

Uma das minhas mais remotas lembranças da infância são as minhas visitas a Accra, a capital de Gana. Meus pais cresceram em Accra, e muitos familiares meus ainda moram lá. Por isso, todo mês de agosto, desde que eu tinha três anos, meus pais costumavam-me mandar ficar com alguns parentes durante as férias enquanto eles permaneciam em casa em Kumasi, a cerca de 320 quilômetros no interior. Essas visitas à alentada cidade litorânea eram interlúdios de rara e preciosa liberdade para mim, visto que minha mãe sentia que a minha condição de membro da elite culta (até mesmo aos três anos de idade) significava que alguns tipos de brincadeiras de criança eram proibidos para mim em casa.

Particularmente, não me era permitido nunca ficar suja. Mas eu só queria me divertir, e em Accra podia correr nas ruas com meus primos e seus amigos, cujos pais faziam menos restrições. Uma das nossas brincadeiras favoritas consistia em fazer brinquedos de bambu, em forma de peixe, e apostar corrida com eles nas corredeiras de esgoto a céu aberto. Projetávamos e construíamos esses brinquedos tendo em mente a velocidade; e os pintávamos com motivos elaborados, cuidadosamente escolhidos para impressionar o adversário; e encerávamos o bambu com o máximo cuidado para que ele não absorvesse a água.

Essas corridas às vezes nos levavam a quilômetros de distância ao longo da cidade. Conforme a água da sarjeta empurrava o peixe, íamos apertando vigorosamente o passo, com gritos de incentivo à nossa equipe e com gritos rudes às crianças das equipes adversárias. Em todos os cruzamentos, a sarjeta era engolida pelo subsolo, então costumávamos correr na frente para esperar o surgimento do nosso peixe no lado oposto. E, uma vez fora de novo, ríamos e encorajávamos os nossos corredores, usando gravetos (a regra proibia que se tocasse o peixe com a mão) para ajudá-los a contornar qualquer empecilho.

A melhor parte, porém, era que fazíamos amigos pelo caminho. Podia-se começar com apenas duas crianças, ganhar a adesão de mais seis conforme se corria pelo distrito seguinte, e terminar com mais de vinte de cada lado.

Em qualquer parte do percurso, podia ocorrer um desastre. Embora o peixe raramente afundasse, às vezes não conseguia emergir de um cruzamento. Ou, o que é mais humilhante, o peixe de uma equipe podia ficar irreversivelmente encalhado no meio de uma massa de dejetos humanos e nesse caso os perdedores tinham de anunciar a própria derrota. Mas isso não importava, pois em geral terminávamos aos berros e aos gritos, rindo, no final da corrida — até que de repente percebíamos que, como sempre, estávamos a quilômetros longe de casa e era melhor voltar de mansinho... ou quase.

Então nos despedíamos do nosso peixe de bambu (porque depois de ver por onde tinha andado ninguém queria encostar a mão nele), e corríamos para casa excitadíssimos, conversando sobre a corrida do dia seguinte e sobre os nossos planos de aperfeiçoamento dos nossos modelos. De braços dados, serpenteávamos pelas ruas da cidade, cantando a *Canção do Peixe* aos berros.

A CANÇÃO DO PEIXE

Koomi kè Loo, Koomi kè loo, Koomi kè loo
Kenkey e Peixe, Kenkey e Peixe, Kenkey e Peixe

Ni ame tee amaafo abotri
Tomou parte de uma luta

Ni ame tee amaafo abotri
Tomou parte de uma luta

Loo si komisi, Loo si komisi
Peixe pisado pelos seus pés, Peixe pisado pelos seus pés

Ni mantsè gonti teshi
Mas o Grande Mestre Polegar se levantou

Ni mantsè gonti teshi
Mas o Grande Mestre Polegar se levantou

Ni eko loo ekèngme komino
E pôs o Peixe em cima de Kenkey

Ni eko loo ekèngme komino
E pôs o Peixe em cima de Kenkey

Nota: Kenkey é uma bola, feita de uma pasta de milho fermentada que é embrulhada em palha de milho ou em folhas de banana e cozida no vapor, como um tamale (prato mexicano de fubá e carne moída apimentada). É um produto barato, popular, de suma importância para a dieta ganense tradicional e, em geral, é servido coberto com peixe frito (daí a canção), cebolas e tomates cortados e uma variedade de molhos de pimenta.

Mulheres Achantis

O mundo ocidental não inventou o conceito de "supermãe." Por anos fiquei maravilhada e embevecida com o simples fato de muitas mulheres do meu país conseguirem amamentar, conduzir pela mão uma criança que está aprendendo a andar, ficar de olho na panela e correr até a despensa para pegar provisões — tudo ao mesmo tempo.

Nos dias em que os telefones tocam sem parar, o fax cospe papel, o leite derrama e a campainha toca, tudo de uma só vez, e fico desesperada tentando escrever uma pérola ou duas para cumprir o meu derradeiro prazo, pensar nas minhas conterrâneas africanas tranqüiliza o meu coração e me dá forças para sobreviver.

As mulheres achanti são extremamente confiantes. São astutas, vociferantes e trabalhadoras. Hoje em dia é comum encontrar mães mais ardentemente devotadas, e nos negócios elas são venturosas empreendedoras, as agentes do poder por trás dos homens. Eu costumava me sentar à janela da Maternidade da Thelma e ver as mulheres passar. Na cultura ganense, a maneira pela qual as pessoas se vestem dizia muito sobre elas, o quão bem cultivadas eram. As mulheres que eu via, fossem ricas, pobres, letradas ou iletradas, se comportavam com a mesma dignidade.

A maioria usava as tradicionais saias pareô feitas de fazendas coloridas tradicionais, com blusas combinando. As mulheres mais conservadoras combinavam a saia com uma peça solta enrolada no peito e presa no ombro esquerdo, deixando o ombro direito descoberto. Parecia uma versão reduzida da toga romana. Muitas penteavam o cabelo no estilo achanti tradicional: muito curto no alto e raspado embaixo, deixando apenas os lados e a parte de trás aparecendo. A base do cabelo era, então, colorida com maquiagem preta suave para formar uma penugem margeando a cabeça. É um penteado muito elegante, e eu pensava, quando olhava aquelas mulheres, que elas pareciam esculturas negras, descendo a rua com graça perfeita.

Mesmo as mais delicadas aparências eram surpreendentemente marcantes, e todas andavam com um inegável senso de determinação. As mulheres que trabalhavam carregavam mantimentos nas cabeças e bebês nas costas. As cargas em cima da cabeça, geralmente muito altas e pesadas, equilibravam-se precariamente, sem ajuda das mãos, embora oscilassem ritmicamente em perfeita harmonia com os movimentos do corpo, como uma parte de uma dança bem coreografada. Isso as deixava com as duas mãos livres, uma para segurar a criança que estava começando a andar e a outra para ondular expressivamente no ar conforme iam conversando no caminho do Mercado Central.

Ah, o Mercado Central. Agora está começando a se reabilitar. A área toda (aproximadamente dez quarteirões de largura numa direção, e seis quarteirões na outra) era um enxame de atividades, atulhado de corpos suarentos e atarefados ao lado de compradores bastante enfeitados, vendedores ambulantes gritando para as pessoas que passavam, gente comprando comida pronta na bandeja em lanchonetes com portas de vidro, cabeleireiros e barbeiros cortando e trançando os cabelos enquanto as crianças davam voltas entre as cocheiras; e o aroma almiscarado das mangas doces se misturando com o cheiro de milho fresco queimado no sabugo de uma maneira tal que as pessoas se viam enfiando a mão na bolsa sem nem mesmo pechinchar!

Esse enxame tem as suas rainhas inabaláveis — que são, na verdade, conhecidas como Rainhas da Produção. Cada rainha é eleita para encabeçar os muitos comitês de compradores e de vendedores, e cada uma tem o seu próprio território. A Rainha do Tomate, por exemplo, preside uma jurisdição que inclui pimentas, berinjelas, quiabos e outros vegetais com sementes; a Rainha do Inhame, a Rainha da Banana-São-Tomé e outras controlam outros aspectos do reino vegetal. Uma pessoa supervisiona o mercado, arbitrando as brigas e orquestrando o movimento de produção em torno do mercado, com a confiança e a tranqüilidade de maestros com muita prática. É preciso entender que todas essas transações de negócios relatadas são feitas entre mulheres; os homens aqui trabalham principalmente como operários, alfaiates, banqueiros e secretários.

E, de fato, cada comitê de produção tem até mesmo as suas próprias "mulheres pé-na-tábua", que trazem suprimentos das propriedades rurais para o mercado central em pequenas frotas de caminhões. Mesmo antes da colheita, as mulheres pé-na-tábua vão encontrar os proprietários rurais, para lhes recomendar que se concentrem na colheita dos produtos que calculam ser os mais procurados no mercado. Uma vez feita a colheita, as mulheres pé-na-tábua voltam para negociar preços de compra adequados e, depois, compram a produção para as cooperativas do mercado. Uma vez feita a distribuição, as rainhas (ajudadas pelos seus comitês) inspecionam a produção e fixam os preços de revenda da semana. As fraudes são desencorajadas e as pessoas que sub-repticiamente aumentam os preços são punidas. Justas e firmes, as rainhas são bem respeitadas por todos os membros da comunidade.

Tudo isso permaneceu notavelmente imutável pelos anos, como vim a descobrir recentemente. De volta para casa a fim de digitar uma seqüência de um documentário para o meu programa culinário de televisão, tive a boa sorte de entrevistar várias Rainhas da Produção, muitas das quais me conheciam desde pequena. Já se passaram uns trinta anos desde que as vi pela a última vez, e elas continuam fortes.

Nee Yaa, a Rainha do Inhame, que me lembro ser idosa já na minha infância, estava arbitrando uma contenda entre duas mulheres. A parte culpada fora descoberta do outro lado do mercado vendendo os seus inhames a um preço altamente inflacionário. A mulher tinha sido alertada antes. Dessa vez foi desafiada, começou uma briga, e a mulher que havia cometido a fraude foi trazida perante a Rainha do Inhame.

"Permita-me lembrar-lhe", Nee Yaa lhe disse, "que os galhos de qualquer árvore são somente tão fortes quanto as raízes, e que nós somos as raízes. Todos nós precisamos de água, e agora que achamos uma fonte aberta, não a cobicemos. Vamos partilhar com justiça." Ela multou a mulher e a proibiu de vender no mercado por dois dias.

Nee Yaa, então, virou-se para mim e explicou: "Tenho de lhes tranqüilizar o coração e, ao mesmo tempo, ser rígida". Pôs os braços ao redor dos meus ombros e declarou: "Estou tão contente que você tenha voltado para o seu ninho. Você sabia que quando um pássaro voa pelo mundo e sua asas se cansam, ele sempre encontra um galho amigo para descansar?"

Não tive coragem de lhe contar que daquela vez eu só estava lá para filmar.

As mulheres achanti têm grande poder econômico; é uma vergonha que nenhum desses poderes se traduza na esfera política. Isso leva a caminhos interessantes, visto que a cultura achanti é tanto matriarcal quanto polígama, criando, desse modo, uma excêntrica dicotomia.

Em casamentos polígamos, existe uma espécie de lista sexual: cada mulher passa de uma semana a um mês lavando, cozinhando e limpando, ou geralmente cuidando do marido na casa dele. Ou, se quiser, pode ficar na casa de sua família e cuidar das necessidades dele de lá — exceto à noite, quando vai ao encontro dele para o idílio amoroso, deixando o trabalho de babá para o resto da família. Até hoje, os casais ganenses não têm necessariamente de conviver, sendo essa uma questão de preferência mútua.

Conheci uma mulher, uma costureira muito bem-sucedida, que era uma daquelas várias mulheres casadas com o mesmo homem. O casamento dela não era certamente um casamento de dependência econômica; para falar a verdade, ela provavelmente ganhava mais do que o marido. Muitas semanas antes, uma de suas clientes lhe havia dado um lindo par de sandálias. A costureira cuidadosamente guardou-as, reservando-as para a semana em que estaria incluída na lista sexual.

Quando, finalmente, chegou a primeira noite com o marido, ela alimentava grandes esperanças de eles passarem uma noite romântica juntos. Tomou o maior cuidado na hora de se vestir e passou até mesmo um pouco de perfume. Muito excitada, fez o prato favorito do marido para o jantar e o serviu, usando suas roupas mais finas, inclusive suas novas sandálias. Hoje em dia, normalmente, como sinal de respeito, uma esposa deve servir a comida descalça, mas a minha amiga estava tão orgulhosa de suas lindas sandálias que só queria mostrá-las ao marido.

No final das contas, o homem se divorciou dela. Ele ficou tão chateado com o fato de ela servir o jantar de sandálias, que a dispensou sem mais palavras. Pelo que sei, isso era um inesquecível sinal de desrespeito.

E isso numa sociedade em que a pessoa mais importante da família é sempre a mulher mais velha viva. Como mãe, avó, tia-avó ou como alguém do mesmo nível, essa mulher é vista como uma autoridade perante a vida e a que tem mais condições de arbitrar e de dar conselhos. Mesmo um oficial de alta patente não pode tomar decisões maiores sem primeiro consultar uma das mulheres mais velhas de sua família.

Ainda criança, já ficava deprimida com essa situação. Sempre me perguntei como podiam os homens justificar a maneira pela qual tratavam suas mulheres quando jovens e depois voltar a tratá-las como sábias quando elas ascendiam à posição de mulher mais velha viva? Mas, o que é pior, ficava imaginando como podiam essas mulheres permitir que isso lhes acontecesse? Como podia isso acontecer numa sociedade matriarcal?

Basicamente, acho que a fraqueza criou a força. O que significa que toda mulher africana num casamento polígamo sabe que a qualquer hora pode ser esquecida por uma jovem beldade ou por outra esposa; o seu futuro é totalmente inseguro. Em última análise, o seu bem-estar e o de seus filhos ficam em suas mãos. Daí os espertos e perspicazes negócios das mulheres como as Rainhas da Produção.

Embora haja certa dose de competição entre as esposas, elas também percebem que estão todas no mesmo barco, e, então, se ajudam quando necessário. Por exemplo, se uma das esposas fica doente, as co-esposas se ocupam totalmente de seus filhos, lhe trazem comida e se certificam de que a casa dela está sendo cuidada. Mas ainda assim os relacionamentos entre as esposas são, na melhor das hipóteses, tensos. A poligamia oferece somente uma oportunidade limitada para relacionamentos emocionais totalmente profundos. De qualquer lugar que venham, a maioria da mulheres concorda que não é fácil partilhar o seu homem com nada menos do que de três a vinte mulheres ou mais.

A solução para essas mulheres é canalizar a sua maciça capacidade de amar para cada filho, com devoção. As mulheres africanas amam os seus filhos com tal ferocidade que, às vezes, pode ser assustador; e com uma ternura que geralmente faz com que eles, já barbados, não saiam da barra da sua saia. Tudo o que a mulher africana faz é para o seu filho; o que ela não pôde ter, ela se empenhará em dar aos seus filhos.

※◇※ ☰☰☰ ※ ※ ☰☰☰

Um dia parei do lado de fora do mercado para ver um grupo de mães com os seus filhos. As mulheres sem nada mais do que uma vasilha ou do que uma lata de ferro com água do poço local ficam na esquina totalmente à vista de todos, lavando a criançada. Elas as enfileiram, duas ou três ou cinco crianças, e as esfregam com esponjas feitas de casca de árvore e sabão caseiro de óleo de amêndoa. Podem ser desesperadamente pobres, mas os seus filhos ficam inteiramente limpos — de alma limpa, de espírito limpo, e com noção de orgulho.

Depois do banho, há apenas uma toalha para enxugar todas as crianças. Isso feito, as mães as lustram com óleo fino de manteiga embebido em alecrim ou em outras ervas aromáticas. Vejo as crianças brilhando ao sol, paradas na esquina enquanto uma das mulheres devotadas lava e lustra cada uma como se estivesse polindo um cálice precioso. Então, penso cá comigo: algumas pessoas lustram a sua prataria; as mulheres africanas lustram os seus filhos.

※◇※ ☰☰☰ ※ ※ ☰☰☰

Quando penso no mercado, uma das coisas de que me lembro é dos maravilhosos aromas de comida que o permeiam. A maior parte da comida do mercado é simples — milho tostado no sabugo, em cima de carvões quentes ou simplesmente fervido na palha e vendido quente ou frio. Servem-se bananas são-tomé grelhadas com amendoim torrado. Suco de melancia doce e refrescante. Peixe e bolinhos de massa cozidos ou servidos com carne ou galinha junto com molhos apimentados conhecidos como *shitor*. E, realmente, esse último prato é tão popular que inspirou uma canção folclórica tradicional, "Komi ke Loo" (A Canção do Peixe, que eu e os meus amigos cantávamos em Accra), que é cantada quando se come a receita seguinte. *Komi* (pronunciada "kormi") significa bolinho de milho, *ke* (pronunciada "ker") é "com" e *loo* (pronunciada "low") quer dizer peixe ou carne.

✕✕ PEIXE ASSADO ✕✕

4 porções

4 filés de salmão fresco ou atum
3 colheres-sopa de gengibre ralado
4 dentes de alho amassados
2 pimentas-vermelhas cortadas
2 colheres de manteiga
1 colher-sopa de sal de alho
Sal a gosto
Papel-alumínio

Preparo

Tempere os filés com sal de alho, amassado, gengibre ralado e com as pimentas.

Unte o papel-alumínio com manteiga, coloque os filés, feche o papel e leve ao forno pré-aquecido a 180° C, para assar por 20 minutos.

Sirva com bolinhos de semolina e molho de pimenta.

✕✕ BOLINHOS DE SEMOLINA ✕✕

4 porções

(Embora tradicionalmente esse prato seja chamado de bolinho de fubá, não pode ser feito sem pasta de milho, e talvez seja improvável que grande parte da cozinha a tenha à mão. A semolina realmente forma uma folha muito boa para peixe apimentado e shitor.)

2 xícaras-chá de semolina
4 xícaras-chá de água
Sal a gosto

Preparo

Numa panela grande coloque 2 xícaras de água e deixe ferver.

Dissolva a semolina no restante da água, despeje na panela mexendo sem parar, para não encaroçar. Quando aparecer o fundo da panela está pronta.

Faça os bolinhos e sirva com o peixe.

✖✖ MOLHO DE PIMENTAS (SHITOR) ✖✖

4 porções

12 pimentas-vermelhas dedo-de-moça sem sementes
2 cebolas médias, cortadas
6 tomates grandes cortados
Sal a gosto

Preparo

No liquidificador ou processador coloque todos os ingredientes e bata até formar uma pasta. Prove o tempero e sirva a gosto.

Obs.: esse molho serve para acompanhar saladas.

***

Um outro tipo de alimento vendido nas ruas é a *kyinkyinga* ou *kebabs*. Estes saborosos espettinhos de carne e de pimentas são irresistíveis para as moscas, então os vendedores os deixam dentro de latas de vidro, que equilibram em cima da cabeça. Que coisa é ver os vendedores se embrenharem no tráfego quando o farol está vermelho para tentar fazer um rápida liquidação — equilibrando um vidro pesado cheio de kyinkyinga quente ao mesmo tempo que contam o troco num cinto de dinheiro!

✖✖ ESPETINHO AFRO ✖✖ KYINKYINGA

4 porções

1 kg de carne bovina cortade em cubos

4 cebolas médias em cubos

2 colheres-chá de gengibre ralada

90 gramas de amendoim torrado e moído

2 tomates grandes moídos como purê

1 colher-sopa de sal de alho

2 colheres-sopa de farinha de arroz

1 colher-sopa de molho de pimenta

1 xícara-chá de conhaque de gengibre

½ xícara-chá de água

3 pimentas-verdes cortadas em cubos

Preparo

Numa tigela coloque os cubos de carne, temperando com as cebolas, o gengibre ralado, a farinha de arroz, os tomates, o sal de alho, 2/3 do amendoim e o molho de pimenta. Deixar marinando por cerca de 1 hora.

Faça um molho com o conhaque de gengibre e a água, em fogo baixo para reduzir.

Espete a carne temperada, alternando com cubos de pimentas-verdes, grelhando dos dois lados.

Tire do fogo, polvilhe com o restante do amendoim em pó; sirva com o molho de conhaque de gengibre.

Essa história é contada às crianças para explicar dois dos mais importantes fatores da vida achanti — a presença e o valor do inhame, um dos nossos principais gêneros alimentícios, e um aspecto importante do sistema matriarcal.

COMO O INHAME CHEGOU AO ACHANT

O povo Achanti nem sempre teve inhames. Na verdade, nos tempos antigos, não havia nenhum e, com freqüência, achava-se que o alimento não crescia em quantidade suficiente para garantir que as famílias não passassem fome, especialmente nas estações de chuva.

Certo dia, um viajante passou pelo vilarejo achanti trazendo muitas coisas desconhecidas, inclusive o inhame. Um rapaz chamado Abu viu aquele inhame, e percebeu quão valiosa aquela coisa podia ser para o seu povo. Decidiu que descobriria de onde vinham os inhames e que os traria para o seu povo.

Abu pegou suas armas e foi em busca dos inhames. Para toda pessoa que encontrava, perguntava se sabia como encontrar o local de onde os inhames vinham. Algumas pessoas lhe disseram que era naquela direção, outras apontavam em outra direção. Ele estava começando a se desesperar quando se viu nas cercanias de um declive, em cima de uma montanha, e lá estavam: campos e campos de inhames crescendo por toda a parte. Perguntou às pessoas que estavam trabalhando nos campos onde podia encontrar o chefe, e foi direto para a casa dele.

Curvado diante do chefe, explicou a sua missão. "Na minha terra", disse Abu, "não há inhames e nosso povo muitas vezes passa fome. Se você pudesse me dar alguns inhames para levar e plantar, não passaríamos mais fome."

O chefe pensou sobre o assunto e disse: "Preciso falar com os meus conselheiros." E mandou Abu ficar na cada de hóspedes enquanto ele pensava.

Depois de vários dias, o chefe se dirigiu a Abu. e disse: "Gostaria de ajudar o seu povo, mas quando as pessoas não sentirem mais fome elas ficarão fortes e talvez decidam declarar guerra a seus vizinhos mais fracos".

"Isso não acontecerá", replicou Abu, "porque o meu povo é pacífico. E também não é igualmente verdade que pessoas famintas guerreiam para conseguir comida com os seus vizinhos?"

"É verdade", disse o chefe, "mas eu posso estar correndo um grande risco se ajudá-lo. Somente me sentirei seguro dando-lhe inhames se você me trouxer um homem de sua tribo para viver aqui como hóspede."

Então Abu voltou para o povo Achanti e contou ao seu pai a viagem. Terminou dizendo: "Pai, você tem muitos filhos. Por que não mandar um deles como hóspede ao chefe do inhame para, assim, termos inhames, impedindo que nosso povo não passe fome de novo?".

Mas o pai de Abu não podia ele próprio mandar um de seus filhos para o exílio. Então Abu foi ao encontro dos irmãos e lhes falou da proposta do chefe do inhame. Pediu a cada um que mandasse um dos filhos como hóspede e todos, por sua vez, se recusaram.

Desesperado, Abu voltou para a terra do inhame e disse ao chefe que não tinha conseguido achar ninguém disposto a se tornar hóspede. Perguntou se havia mais alguma coisa que ele podia fazer, mas o chefe apenas balançou a cabeça. "Sinto muito", replicou, "mas não posso lhe dar os inhames sem segurança."

Abu voltou para casa desolado, pois viu que não havia solução. Porém, quando chegou ao vilarejo, de repente se lembrou de sua irmã, que também tinha um filho. Correu para a casa dela e narrou a sua história. Ela ouviu e depois disse: "Mas eu só tenho esse filho. Se ele for, fico sem nenhum".

"Então estamos perdidos", disse Abu. "Você era a minha última esperança. Nosso povo está condenado a passar fome." Vendo o seu desespero, a irmã pediu que ele explicasse de novo a história dos inhames, e de como eles podiam salvar o seu povo. Finalmente, concordou em mandar o filho, pois viu como aquilo podia ser importante para o povo Achanti.

Quando Abu voltou da terra do inhame, daquela vez trouxe inhames para o seu povo plantar. Logo os inhames cresceram e se multiplicaram, e daquele dia em diante sempre houve muitos inhames para comer no povoado Achanti.

Abu censurou o pai e os irmãos por terem recusado mandar os seus filhos à terra do inhame. "De agora em diante", disse, "eu não tenho mais nada a ver com eles. Somente minha irmã se mostrou disposta a arriscar o filho para salvar o nosso povo da fome, e ela deve ser honrada por isso. Quando eu morrer, todos os meus bens serão dados ao meu sobrinho, que agora está vivendo na terra do inhame, porque ele foi o único que tornou possível combater a fome".

E vários anos depois, quando Abu morreu velho e rico, seu gado e suas terras não passaram para os seus irmãos e filhos, mas para o seu sobrinho, o filho de sua irmã. E o povo Achanti, para honrar Abu por lhes ter trazido o inhame, que desde então se tornou uma das mais vitais colheitas, declarou que todo Achanti deveria seguir o exemplo de Abu.

E daquele momento em diante, toda vez que um homem morre, ele deixa tudo o que possui para o filho de sua irmã. E, além disso, em honra a Abu, o povo Achanti chama as famílias de *abusua*, e o dinheiro emprestado é *bosea* (de abu-sea), ou "emprestado de *Abu.*"

E, até hoje, os meninos herdam suas posses não de seus pais, como ocorre em outras terras, mas dos irmãos de sua mãe, assim como o sobrinho de Abu.

Campos de Visão

O vovô era pai de meu pai. Antes de ficar cego, havia sido capitão de um navio. Aparentemente ele havia contraído cegueira do rio, oncocercose, numa corrida com alguns comerciantes pelo interior do Congo.

Eu costumava visitá-lo nas minhas férias em Accra, e durante o curto período em que lá vivemos. Durante a infância, tive um tipo de aversão às pessoas velhas, exceto à mãe de minha mãe, Vovó Emma. Não sei por que não gostava delas — elas todas me estragavam com o seu mimo — mas tinham um cheiro estranho e os seus rostos enrugados me davam medo. Era como se, estando perto da morte, elas carregassem um espírito que podia pular para dentro de minha alma e me levar embora.

E havia algo mais em vovô que me incomodava: mesmo cego, estava sempre de olhos abertos. Quando estava com aproximadamente seis anos, isso se tornou um verdadeiro aborrecimento para mim. Os meus seis anos me diziam que se ele era *realmente* cego, os seus olhos deveriam ficar fechados. Então, concluí: o velho devia estar tentando conquistar a simpatia das pessoas. Minhas suspeitas só eram confirmadas pelo fato de que encontrava as coisas da casa muito facilmente, nunca trombando com cadeiras ou paredes. Sem dúvida alguma, vovô era uma fraude, e eu estava determinada a desmascará-lo. Então, todos o veriam como eu o via — avaro, enrugado e definitivamente desonesto.

Numa tarde em que vovô estava sentado no jardim com papai e alguns outros parentes, decidi provar meu ponto. Muito silenciosamente, entrei em casa e comecei a arrastar os móveis. Eu podia ser pequena, mas estava tão determinada que empurrei, arrastei, levantei, sacudi e finalmente consegui mover a mobília para lugares difíceis. A peça que deu mais trabalho foi a sua cadeira preferida, uma cadeira de balanço de vime com um grande espaldar, que ele mantinha ao lado de uma janela para poder sentar e aproveitar a fresca maresia enquanto ouvia os sons da vida que vinha de fora. Pus a cadeira longe, bem longe da janela, e a substitui por um banquinho tradicional.

Depois de cerca de um hora ouvi o velho homem perguntando por mim. "Onde está Naa Tsenkua Caridade? Ele sempre insistia em acrescentar a "Caridade." Era o único que me chamava daquela maneira, e eu odiava isso, porque todo mundo me chamava por esse nome na escola. Acho que era esse o nome da irmã gêmea de meu pai, que se afogou quando eles eram crianças.

"Onde está Naa Tsenkua Caridade?" chamou de novo.

Respondi, "Aqui, vovô."

Ele entrou na casa, e foi direto para a sua cadeira preferida pela janela. Ele tinha tanta certeza de que ela estaria lá, como sempre esteve, que não se preocupou em verificar. Em vez disso, como milhares de vezes antes, ele pôs as mãos para trás tentando segurar forte dos dois lados, deixar o peso cair, e apoiar-se no espaldar para se sentar. Dessa vez, no entanto, diferentemente das outras vezes, se estatelou dolorosa e desastradamente no banquinho, que caiu para trás e fez com que ele esborrachasse as costas no chão. O velho não conseguia nem gritar de tanta dor que estava sentindo.

Meu pai e os parentes que estavam do lado de fora ouviram o choque, seguido dos meus gritos, "Vovô caiu! Vovô caiu!"

Eu estava esperando ficar toda roxa de pancadas. Mas quando todos entraram, ficaram tão ocupados tentando juntos levantar o pobre velho que não repararam que eu estava no canto da sala, morrendo de medo.

Então alguém percebeu o que tinha acontecido. "Quem mudou de lugar?" perguntaram. "A cadeira do vovô sempre ficou perto da janela. Quem a mudou de lugar?"

Minha prima mais velha, Nicho, olhou em volta e viu que a cadeira estava na outra ponta da sala. Quando foi pegá-la, finalmente me viu no canto, tentando me tornar invisível. "O que você está fazendo sentada aí?" ela guinchou. "Levante-se e venha ajudar o vovô. Empurre o banquinho."

Em vez de apenas empurrar o banquinho, decidi que tinha de arrumar tudo, imediatamente. Corri pela sala tentando empurrar tudo de volta para o lugar. A prima Nicho me olhou de maneira estranha, assim como meu pai, mas ninguém disse nada na hora.

O velho não conseguiu sentar-se em sua cadeira; ele tinha realmente machucado as costas. Quatro dos homens, inclusive meu pai, levaram-no para a sua cama e chamaram o médico. (Na época o meu pai ainda era enfermeiro e, mesmo em condições de cuidar do seu pai, duvido que ele tenha achado isso ético.)

Quando vovô estava fora de perigo, meu pai me chamou. Rispidamente.

Eu sabia que estava enrascada, mas fui até ele mesmo assim. Papai me pegou e me pôs sentada nos seus joelhos; sentar em seus joelhos normalmente era uma coisa legal, mas a voz com a qual me chamou era horrível, queria dizer algo. Minhas emoções portanto, estavam confusas.

Meu pai puxou minhas orelhas. Isso fazia parte da sua maneira de nos punir: ele nunca batia na gente, mas como trabalhava na sala de cirurgia durante muito tempo e esfregava as mãos com antissépticos e escovas duras, a pele das palmas de suas mãos era muito áspera. Desse modo, era como se os lóbulos das orelhas fossem lixados.

Virou-me para que eu o olhasse e disse: "Por que você fez isso?" Não disse, "Você fez isso?", "Foi você?" Simplesmente sabia e disse: "Por que você fez isso?"

Caí aos prantos e confessei: "Porque achava que o vovô estava mentindo, pois seus olhos estavam sempre abertos. Como pode ser cego se os seus olhos continuam abertos?"

Meu pai respondeu com voz muito calma, quase gentil: "Você aprendeu uma importante lição hoje, Naa Tsenkua. Pessoas cegas podem ficar de olhos abertos. "ser cego", ele disse, e eu nunca me esqueci disso, "ser cego não é simplesmente uma coisa física. Às vezes pode ser uma cegueira de espírito ou uma cegueira de emoções."

Eu era muito nova na época para entender completamente o que ele estava dizendo, mas o ouvi atentamente enquanto ele continuava: "A cegueira do vovô é física. Ele não precisa ficar de olhos fechados porque o problema está dentro da íris. Eis por que ele não consegue ver. Mas você, Naa Tsenkua, você também é cega; você é espiritualmente cega por não ser capaz de se comover com o vovô. E agora você está emocionalmente cega porque está com vergonha de si mesma pelo que fez. Agora você tem de entrar e admitir para o vovô o que fez e pedir-lhe desculpas".

"Sinto muito, sinto muito", eu disse, e não conseguia parar de chorar. Quando entrei no quarto do vovô, ele estava deitado de olhos fechados. Gritei: "Vovô, você morreu?"

Ele riu um pouquinho e estremeceu enquanto ria: "Não, não estou morto. É você, Naa Tsenkua Caridade?"

"Sou eu, vovô."

"Por que você fez aquilo"

Ele também sabia! "Vovô, desculpa", eu disse, soluçando e chorando.

"Venha cá, Naa Tsenkua Caridade, venha cá e sente-se na cama. Não posso sentar e abraçar você como estou acostumado, mas sente-se na cama e segure a minha mão. Deixe-me sentir você." Ainda de olhos fechados, tateou a minha mão no fim da cama. "Dê-me as suas mãos." Com uma das mãos, ele segurou as minhas duas. Disse: "Não estou com raiva de você, menininha, mas por favor não faça isso de novo. Vou melhorar". Apertou minhas mãos delicadamente. "Posso ser velho, mas sou forte. Sou feito de fibra forte. Vou melhorar."

Eu estava chocada e cheia de emoções; eis o velho, que julguei enrugado e avaro, tratando-me tão delicadamente depois de eu tê-lo ferido terrivelmente. No meio de todas as minhas lágrimas e desculpas, fiz uma solene promessa para mim mesma e para o meu vovô. Com toda a sinceridade da juventude, jurei: "Quando eu crescer, vou consertar isso; vou ajudar todas as pessoas cegas do mundo".

Obviamente, era uma promessa que não pude cumprir. Mas me formei enfermeira oftalmologista, trabalhei vários anos como farmacêutica óptica e a única caridade que eu fiz consistentemente foi à Sociedade Real para o Cego. Ainda não consertei tudo para o vovô, não inteiramente, ainda não.

Embora não faça muito tempo que trabalho no "campo da visão", gasto muito tempo no olhar público. Mesmo durante as entrevistas, eu me pergunto: "Então, o que uma farmacêutica óptica faz atuando nas artes?"

Minha única resposta é: "Estou aqui porque ainda há muitas pessoas com o campo de visão limitado." Espero, com o meu trabalho, abrir olhos.

Fome, vá Dormir

A infância na África Ocidental, pelo menos para mim, significa um caleidoscópio de cores e uma cacofonia de sons, uma mistura de risada feliz com, por vezes, miséria abjeta. Lembro-me de nascimentos e de mortes, lâmpadas a óleo bruxuleando à noite, o doce aroma de banana de são-tomé frita e tostada. Lembro-me de estar correndo com os meus primos para nos escondermos dos espíritos ancestrais sepultados nas câmaras mortuárias atrás das paredes da casa de nossa família, e de olhar as pernas das pessoas passando em frente do baldaquino das camas de madeira debaixo das quais nos escondíamos, murmurando e dando risadinhas, tentando adivinhar quais pernas pertenciam aos vivos e quais pertenciam aos fantasmas que nos perseguiam do mundo dos espíritos. Porém, mais do que tudo, lembro-me das cerimônias que tínhamos o privilégio de testemunhar.

Para o povo ga, agosto em Accra é um mês vibrante, cheio de celebrações, festas e de orgulho cultural, culminando no Festival Homowo de todos os anos.

Traduzido literalmente, Homowo significa "Fome, vá dormir," e isso é gritado durante todo o festival, conforme as pessoas vão desfilando e salpicando fubá cozido no vapor por toda a parte. Conta a lenda que o festival começou nos tempos antigos, depois que a tribo ga passou por uma fome terrível quando migrava da Nigéria Ocidental para a sua atual morada no sul de Gana. Milagrosamente, um ano depois da fome, o ga se beneficiou de uma grande safra de peixe. Desde então, o povo celebra essa benção com procissões coloridas, músicas e danças tradicionais, e rituais alimentares centrados em torno do peixe com sopa de nogueira e de fubá não-fermentado.

O Festival Homowo sempre animou o meu senso de aventura. É um tempo de alegria, de opulência, de cantar e de dançar nas ruas e de comer até ficar cheio e não conseguir nem mesmo se mexer. Como criança aventureira, eu particularmente adorava explorar o que acontecia por trás do pano, e, de todas as cerimônias que testemunhei, as minhas preferidas de todos os tempos estão relacionadas com o Festival dos Gêmeos.

Para entender isso, é preciso saber que na África Ocidental o nascimento de gêmeos é considerado um acontecimento sobrenatural. Os próprios gêmeos são considerados seres mágicos que têm, ambos, a presença da terra e a do espírito, mas a maioria da pessoas acredita que eles partilham um único espírito.

Embora eu não tenha exata certeza da razão pela qual isso acontece, é interessante observar que estudos provaram que os africanos ocidentais podem legitimamente conclamar que têm a maior incidência de nascimento de gêmeos do mundo. Mas ter gêmeos não é em si mesmo suficiente para trazer boa sorte. E realmente, para evitar a má sorte ao restante da família, os pais são obrigados a ter mais três filhos *depois* dos gêmeos. Isso não é tão ruim para aqueles pais cuja primeira gravidez resulta num par de gêmeos, mas Deus ajuda a pobre mãe que já tem três filhos precedentes. Ela ainda pode ter esperanças, mesmo que remotas. Alguns desses pais acham a perspectiva de filhos posteriores tão economicamente desencorajadora que preferem correr o risco de enfurecer os deuses. E isso está aumentando porque as pessoas estão deixando as velhas crenças para trás.

※◇※ ▥▥ ※ ※ ▥▥

Certa manhã, quando eu tinha cerca de dez anos, minha prima Naa Deedei (Miranda) e eu decidimos espiar os preparativos para o Festival dos Gêmeos. Varamos a noite e ficamos até o amanhecer, antes que a mãe de Miranda, Titia Chris, pudesse nos acordar para nos dizer que não nos era permitido ir. As galinhas e os galos no quintal animavam um terrível coro de cocorocós e de quiquiriquis quando andávamos na pontas dos pés no meio deles, mas seja como for púnhamos as pernas para correr quando passávamos por qualquer outra pessoa, mesmo despercebidas.

Mais para a frente e duas casas depois, nos juntávamos a outras três crianças curiosas perto da casa abençoada com gêmeos. Perscrutando pelos buracos dos muros dilapidados do lado de fora do quintal, olhávamos duas mulheres velhas lavando duas meninas gêmeas idênticas e preparando-as para o dia ritual. Como a casa não tinha banheiro, tinham de dar banho nas garotas cedo, antes que alguém se levantasse. (Outros membros da família costumavam ir a grandes casas de banho públicas mais tarde para se lavar.)

Mesmo antigamente, as sacerdotisas fetichistas faziam uma libação nos santuários de gêmeos (a maioria das casas tradicionais com gêmeos tem um pequeno santuário na casa ou no quintal), e deixavam folhas mágicas para a cerimônia do banho. Acreditava-se que essa libação honrava e apaziguava o espírito mágico dos gêmeos, mas aparentemente não dava certo porque logo havia uma briga pelo sabonete, e os gêmeos nus arremessavam um contra o outro água e folhas. Talvez um outro dia essas altercações entre crianças de onze anos fosse castigada, mas não naquele dia.

Passada a briga, os gêmeos permitiam que os seus parentes acabassem de lavá-los. Depois do banho, as mulheres secavam os gêmeos, limpavam e lixavam as suas unhas, depois lhes lustravam a pele com manteiga fina (nkutoh) até que eles brilhassem como jóias preciosas.

Na outra ponta do quintal, um tocador de tambor já estava de pé, pintando com listras vermelhas, amarelas e verdes a parte de fora do seu grande instrumento. De vez em quando, ele tamborilava algumas notas, o que aumentava a sensação de expectativa e de excitação no ar. Miranda era da opinião de que o músico devia ter levantado mais cedo para ficar de boa aparência na frente das meninas, no caso de ele querer casar-se com uma ou com ambas quando elas fizessem dezesseis anos.

Um rapaz mais velho que estava olhando conosco empurrou Miranda e disse: "É o pai delas, suas loucas!"

Todos nós rimos. Pobre Miranda, ela não tivera a intenção de falar nada de mal. Dei-lhe um abraço reconfortante.

Quando voltamos a prestar atenção de novo nelas, as gêmeas estavam totalmente cobertas da cabeça aos pés com um *ayilor*, o tradicional barro branco da tribo. Pareciam fantasmas. O que era um desperdício, eu pensava, e ainda por cima depois de tanto polimento.

Dorinda, aos 10 anos, em Kumasi.

    O ritual do barro foi seguido por um ritual de vestir roupas brancas e por um café da manhã especial com ovos cozidos em cima do *oto* (purê de inhame colorido com dendê) e um copo de água fria para cada uma.

    Já estávamos no meio da manhã e as gêmeas estavam impacientes com todo aquele alvoroço. Correram para abrir os portões, ávidas para sair e brincar. Não queríamos que elas soubessem que nós as estávamos espiando, então Miranda rapidamente pegou uma pedra e riscou um jogo de amarelinha no chão, e começamos a brincar fervorosamente, como se estivéssemos fazendo aquilo a manhã toda. As gêmeas vieram até nós e perguntaram se queríamos ir com elas procurar pessoas suficientes para jogar *Aso*, um jogo rítmico em grupo que pode durar horas. Quando as seguíamos para a praça da cidade, percebi que o barro branco na pele delas cheirava a giz, o que me lembrava a escola.

Por todo o distrito, pequenos grupos de crianças já estavam na rua brincando e gritando com prazer. Cada grupo de corpinhos escuros estava salpicado de pares de gêmeos brancos fantasmagóricos, competindo para ser o centro das atenções. A brincadeira continuava, pontuada pelos sanduíches de vendedores ambulantes, até cerca de uma hora antes do pôr-do-sol, quando sabíamos que todos os gêmeos tinham de voltar para casa para o ponto culminante do seu Festival.

Seguimos o nosso séquito de gêmeas até a casa delas, onde as sacerdotisas fetichistas as esperavam no seu santuário, acompanhadas de duas outras sacerdotisas com grinaldas mágicas e sagradas feitas de tranças de vinhas e folhas. Desde a noite anterior, a sacerdotisa vinha mergulhando folhas mágicas num balde de água num canto do quintal. Agora que parte das folhas tinha sido usada, ela transferiu as folhas restantes e a água sagrada para duas tigelas fundas e idênticas, esmaltadas de branco e acrescentou mais folhas com moedas de prata. O menino mais velho nos disse que aquela vasilha de moedas e água é chamada de *tsésé* (pronuncia-se chay-say), e explicou que cada par de gêmeos tinha o seu próprio sacerdote ou sacerdotisa fetichista especial, dependendo do sexo, para cuidar das formalidades e da felicidade do espírito dos gêmeos.

Assim que os gêmeos chegavam em casa, parentes, vizinhos e curiosos tanto dentro como fora do quintal começavam a bater as mãos e a cantar a especial Canção dos Gêmeos, usando uma combinação dos nomes reais e espirituais dos gêmeos para lhes agradar como indivíduos e como uma só virtude formada de ambos. Lentamente, se possuída, a sacerdotisa-mor se dirigia aos gêmeos, fazendo invocações. Ela deliberada e cuidadosamente colocava uma grinalda mágica em torno do pescoço de cada um, depois do que os gêmeos de repente começavam a ter convulsões incontroláveis, claramente em transe.

Ajudada pelos familiares e pelas outras sacerdotisas, a sacerdotisa-mor colocava uma vasilha de folhas mágicas, água e moedas de prata na cabeça de cada gêmeo. Sem parar de girar, os gêmeos erguiam os braços e agarravam as vasilhas. Os seus olhos pareciam vazios e embaçados, sem reconhecer os parentes ou os amigos; a única pessoa em condições de alcançá-los em seu transe era a sacerdotisa-mor.

Finalmente, os gêmeos visivelmente possuídos investiam pelos portões de sua casa, com os amigos mais novos e parentes os seguindo para estarem certos de que eles não se ferissem.

Excitadas, Miranda e eu nos juntávamos à multidão.

A sacerdotisa-mor e seus ajudantes vinham em seguida na mais santa paz. E realmente, não precisavam correr, visto que eram aparentemente capazes de, a qualquer momento, chamar os gêmeos, que não paravam de rodar, para uma pausa, fazendo uso de alguns cantos mágicos. Depois de uma pausa dessas, a sacerdotisa ia ao encontro dos gêmeos, pegava algumas folhas úmidas das vasilhas, e aspergia a multidão com a água para abençoá-la. Assim que terminava, os gêmeos começavam a se mexer de novo. A sacerdotisa-mor convidava as pessoas do público para jogar mais moedas de prata no *tsésé*, oscilando precariamente em cima das cabeças dos gêmeos. É realmente uma façanha jogar as suas moedas dentro das oscilantes vasilhas, mas aqueles que realmente o conseguem têm fortuna garantida por todo o ano seguinte. Eu era muito baixa para tentar, mas os meninos mais velhos atiravam algumas moedas por mim e Miranda.

Conforme os gêmeos iam nos arrastando pela cidade, mais e mais pessoas se juntavam à procissão, louvando e incentivando. As ruas fervilhavam de aglomerações que seguiam outros gêmeos, gritando para eles, fazendo-lhes perguntas. De vez em quando, os gêmeos respondiam com a voz do seu espírito, de vez em quando não respondiam absolutamente nada. É uma linda visão; o que os olhos podem alcançar mais longe são diferentes pares de gêmeos com vasilhas esmaltadas de branco nas cabeças, totalmente fora de si, possuídos, girando para a frente, para trás e para os lados, correndo em diferentes direções. E eu estava presa no meio daquela louca coreografia, um perigoso mar de lava humana quente, e excitada demais para me preocupar.

Embora as ruas estivessem completamente cheias, as multidões iam, num passe de mágica, para onde quer que os gêmeos fossem. Isso se dá porque cada um sabe que o mal pode chegar até uma pessoa caso ela esteja no caminho desses espíritos. De tempos em tempos o nosso grupo entoava a Canção dos Gêmeos e todos se juntavam a nós alegremente. Algumas pessoas traziam o estranho tambor, mas não lhes era permitido tamborilar o tempo todo, apenas um simples toque para despertar os movimentos dos espíritos dos gêmeos.

Nossa procissão passava por vários vendedores ambulantes que nos vendiam comida das suas barracas, ou carvão apanhado nos morros ao lado da estrada. Miranda e eu passávamos famintas por um quiosque que vendia arroz e guisado embrulhado em uma folha grande, mas não tínhamos coragem de parar para comer, com medo de sermos deixadas para trás. Em vez disso, rapidamente comprávamos alguns inhames assados e duas bebidas de algum vendedor pelo caminho, tragando-as conforme corríamos para alcançar o nosso grupo. Com os fogos, a comida, e os gritos, parecia carnaval de rua e eu não queria perder um minuto.

Depois de muito andar, os gêmeos vez por outra nos deixavam numa margem coberta de grama nos arredores do distrito. Em uníssono, embora ordenado, eles finalmente emborcavam as vasilhas, com as moedas e todo o restante, num charco dando para a grama, e imediatamente caíam no chão formando uma pilha exausta.

A sacerdotisa-mor passou direto por mim no seu caminho para esperá-los. Era a primeira vez que eu a via tão de perto – sempre tive muito medo de olhar para ela de verdade, pois tinha ouvido que as sacerdotisas fetichistas levavam o espírito de uma pessoa se esta as olhava nos olhos. Pela primeira vez, eu realmente olhei para ela, não íris na íris, apenas medindo-a. Reparei que tinha um basto bigode, o tipo de pêlo que eu via Papai raspar toda manhã, e por alguma razão isso me convenceu de que ela era tão poderosa quanto diziam. Andou na direção dos gêmeos, inclinando-se sobre eles, e entoou um canto estridente. Era a sua última prece para os gêmeos desmoronados.

Eles olharam para ela, diretamente pela primeira vez há horas, e piscaram várias vezes. Passou um caminhão e eles viraram imediatamente na direção dele. Tinham visivelmente voltado a si; podiam ouvir coisas comuns de novo. "O que estamos fazendo aqui?" eles perguntaram, desnorteados, e todos tentaram responder enquanto várias pessoas ajudavam os gêmeos a ficar em pé.

Percebi que ainda estava segurando a mão de Miranda. Viramos para nos olhar fixamente, agradecendo em silêncio o espetáculo que acabávamos de testemunhar. Rimos espontaneamente e eu pus os meus braços nos braços dela. Todos pareciam cansados, e a lua estava começando a despontar por trás das nuvens da noite. Algumas crianças começaram a cantar a Canção da Lua e, agradecida pelo alívio, pus-me a cantar assim que começamos a nossa longa e lenta viagem para casa.

A CANÇÃO DA LUA

Nyontsélé ni edze wo ba shwèè wo ba gboo
Lua que apareceu, vamos brincar até cair

Nyontsélé ni edze wo ba shwèè wo ba gboo
Lua que apareceu, vamos brincar até cair

Nyontsélé ni edze wo ba shwèè wo ba gboo
Lua que apareceu, vamos brincar até cair

Nyontsélé ni edze wo ba shwèè wo ba gboo
Lua que apareceu, vamos brincar até cair

Nkèè Nyontsélé ni edzeee, Nyontsélé niedzee
Quero dizer que Lua que apareceu significa que podemos brincar até cair

Nyontsélé ni edze wo ba shwèè wo ba gboo
Lua que apareceu, vamos brincar até cair

Nyontsélé ni edze wo ba shwèè wo ba gboo
wo ba shwèè shwèè shwèè wo ba gboo
wo ba shwèè shwèè shwèè wo ba gboo
Lua que apareceu, vamos brincar até cair
vamos brincar, brincar, brincar, até cair
vamos brincar, brincar, brincar, até cair

A CANÇÃO DOS GÊMEOS

CANÇÃO DAS GÊMEAS

Yee ye yee ye yee
Akwéle Suma   Yee yeyee yeyee
Akuorkor Omaso   Yee yeyee yeyee
Tawia Apiajei   Yee yeyee yeyee
Nyankoma Ago   Yee yeyee yeyee
Abam Hèlè   Yee yeyee yeyee
(São nomes tribais, seguidos de um yee yeyee!)

Mitee Langmali, Miyana Wuoko
Quando fui a Langmali, vi algumas galinhas

Mina wuo mijofoi, Mijoofoi aahu etor mi
Quando vi as galinhas fugi, corri tanto que fiquei exausta

Etor mi aahu nkortso
Estava tão cansada que trepei numa árvore

Nkwortso aahu nkplékéli
Trepei tão alto na árvore que caí de novo

Nkplékéi Akwélé
Nkplékéi Akuorkor
Desci para Akwele, desci para Akuorkor

CANÇÃO DOS GÊMEOS

Awo, awo, awo awoo
Oko Nipa   Awo awo-awoo, Awo
Akuertè Okulu   Awo awo-awoo, Awo
Tawia Apiajei   Awo awo-awoo, Awo
Nyankuma   Ago Awo awo-awoo, Awo
Abam Hèlè   Awo awo-awoo, Awo
(São nomes étnicos seguidos de Awo awo awoo!)

PAIS DE GÊMEOS

Sikatsèmei ntao ablékuma   Amenaa!
Camponeses ricos querem bênçãos   mas não podem ter

Adiagbatsèmei ntao ablékuma Amenaa!
Os abastados querem bênçãos mas não podem ter

Korlitsèmei ntao ablékuma Amenaa!
Os que usam lindas contas korli querem bênçãos mas não podem ter

Ablékuma, ebakuma ngmaibi
Ngmaibi O, Yeyee!
Ngmaibi O, Yeyee!
O ye yee!

(repetir a canção toda desde o começo)

Eis algumas receitas de alguns dos pratos com os quais nos deleitávamos durante o Festival Homowo. E realmente fazem com que a fome de dormir seja saciada mais deliciosamente!

✖✖ BANANA-SÃO-TOMÉ FRITA ✖✖

2 porções

1 banana-são-tomé grande cortada em fatias
Óleo de milho para fritar
2 colheres-sopa de açúcar mascavo
1 colher-chá de noz-moscada ralada
Sal a gosto

Preparo

Descasque e corte a banana na diagonal em 4 fatias, e passe o sal.

Frite em óleo quente até dourar.

Remova as bananas para papel absorvente; para servir, coloque 2 fatias num prato, polvilhe com açúcar mascavo e a noz-moscada.

Sirva com sorvete ou creme de chantily.

A próxima receita pede polvilho azedo ou fermentado. Misture a farinha de milho, formando uma pasta, com água fria, cubra-a e deixe-a descansando de 2 a 3 dias. Quando começa a fermentar, adquire flocos brilhantes por cima. Limpe todos os flocos e use a massa de milho fermentado que está por baixo.

✖✖ POLVILHO NO VAPOR ✖✖
(KPOKPOI)

2 porções

12 palhas de milho verde
2 xícaras-chá de polvilho azedo
1 xícara-chá de purê de batatas grosso
8 quiabos
½ xícara-chá de azeite-de-dendê
2 cebolas médias, raladas

Preparo

Cubra o fundo da panela de vapor com as 12 palhas de milho, salpicando com polvilho azedo por cima; lacre a base do vapor, onde se encontra com a panela, com o purê de batatas.

Enquanto o polvilho vaporiza, ferva os quiabos em água e sal até cozinhar; separe 4 deles para decoração; amasse os restantes e reserve.

Aqueça o dendê e frite as cebolas até dourar.

A essa altura, o polvilho já está cozido; tire do fogo e passe na peneira.

Refogue os quiabos amassados no dendê com as cebolas.

Sirva num prato guarnecido com os quiabos inteiros, junto com sopa de amêndoa de palmeira (ver receita, página 44).

KOFI E OS BODES GÊMEOS

Era uma vez um menininho que tinha nascido muito, muito pequenininho. Sua mãe e seu pai esperaram muito tempo por um filho, então, quando viram que ele era saudável, ficaram felizes. Não se importavam se não pesava mais do que uma batata doce, e não ligavam se ele era tão careca quanto um melão, pois o amavam loucamente. Deram-lhe o nome de Kofi Baako, o que queria dizer primogênito.

Conforme o menininho ia crescendo, os pais começaram a notar que ele não falava como as outras crianças. Não tinha problema algum em se comunicar com os pássaros que voavam pela sua cabana, e as vacas pareciam entendê-lo muito bem, mas ele não falava ou não conseguia falar a língua dos humanos. Isso fez com que seus pais se preocupassem um pouco, mas eles o amavam do mesmo jeito e não deixavam que isso os aborrecesse demais.

Assim que o menino fez quatro anos, o pai começou a levá-lo aos estábulos e aos campos para lhe ensinar como cuidar dos bodes.

Todo dia, antes que eles partissem, a mãe dizia: "Kofi, por favor, tome cuidado. Eu sei que os bodes gostam de comer o mato alto, mas as cobras também gostam de mato alto. Gostam de se esconder lá, à espera da sua próxima refeição".

Mas Kofi nunca levava em conta o que a mãe dizia. Achava que ela cuidava excessivamente dele, e preferia ir com o pai, fingindo que era um homem.

A mãe nunca mais disse nada, mas estava preocupada. Todo dia, quando os via partir, ela olhava para o céu e rezava para que o menino e o pai ficassem protegidos o tempo todo pelos espíritos ancestrais, que nos observam na forma de estrelas. E pedia para que um dia o menino compreendesse, enfim, quanto a mãe o amava.

Quando estava com cerca de sete anos, Kofi ainda não tinha aprendido a falar. Um dia ocorreu ao pai que talvez Kofi se sentisse sozinho, então ele decidiu arrumar-lhe um amigo. Na semana seguinte, uma das cabras morreu no parto, deixando os seus gêmeos órfãos. O pai de Kofi deu os pequenos bodes ao filho; Kofi possuía agora não um, mas dois amigos.

Kofi ficou muito feliz. Cuidava dos seus bodes bebês de manhã até a noite. Agora ele agia como a sua mãe, que cuidava *dele* o tempo todo, mas ele não via isso do mesmo jeito. Afinal, era óbvio que os pequenos bodes precisavam de proteção e cuidados. E ele era muito amigo deles. Não apenas lhes ensinou a falar a língua dos bodes, como também tentou ensinar-lhes outras línguas. Cantava como os pássaros, ou fingia que era um pato, mugia como a vaca ou urrava feito um burro; os bodezinhos nunca conseguiram aprender outras línguas, mas costumavam pular e brincar à sua volta, como ele havia planejado, muito contentes.

Um dia todos os bodes estavam juntos, mastigando o mato alto, enquanto Kofi os olhava à distância. De repente, ele ouviu um ruído e viu um movimento no mato. Olhou cuidadosamente e, para grande horror seu, o que ele via não era nada mais, nada menos do que uma jibóia deslizando em direção ao rebanho de bodes, dirigindo-se diretamente para os seus bebês. Não tinha a sua mãe alertado sobre brincar no mato alto? Mas ele nunca deu bola. Seu pai andava no mato quando queria, então Kofi imaginou que podia fazer o mesmo.

Agora ele pulava, gritando para chamar a atenção dos bodes. Primeiro fez o chamado dos bodes. Como não funcionou, tentou o chamado da vaca e o do burro, e, visto que os bebês ainda o ignoravam, tentou o chamado dos pássaros. Chegou até mesmo a bater os pés no chão, imitando a dança do bode na estrebaria de seu pai. Mas ainda assim as suas duas crias estavam muito longe para ouvir, ou tinham decidido ignorá-lo. Kofi não agüentava ver a jibóia engolir os seus bodezinhos, então, finalmente, desesperado, correu direto para a trajetória da jibóia e agarrou os dois bodinhos, pondo-os debaixo dos braços. E ficou paralisado, conforme a jibóia balançava mirando-o diretamente, pronta para o bote.

Então, sua mãe, que estava voltando do rio, viu a cena. Sem pensar, correu para salvar o filho, chegando a tempo só de derrubar um imenso jarro de água em cima da cobra, antes que ela atacasse Kofi e os bodes. O jarro de água afundou na cabeça da jibóia, prendendo-a.

Kofi pôde ver a cauda grossa da jibóia surrada rodopiar atrás de sua mãe quando ela se sentava orgulhosamente na boca do jarro. Correu até ela, com os bebês bodes ainda agarrados nos braços. Kofi olhou nos olhos da mãe, com silenciosa e agradecida desculpa.

"Lembre-se desse dia, filho", disse a mãe de Kofi, "pois o que você é, eu fui, e o que eu sou, você será."

※※※※※※

Essa era uma das histórias preferidas de minha avó. Todas as vezes que eu ficava muito desbocada, ela dizia: "Lembre-se criança, o que você é, eu fui, e o que eu sou, você será!"

O Vozeirão de Cem Libras

Se os cérebros fossem uma indicação de tamanho, Beth Cudjoe teria sido um gigante. Em vez disso, ela era a miniatura de uma oficina de inteligência e diabrura, com um irreverente e perverso senso de humor que rivalizava com o meu. Tinha dez anos e eu, nove, e a atração mútua foi imediata. Tornamo-nos inseparáveis. Agora, um ano depois, nossa amizade continuou a florescer.

Beth era uma menina de pele negra linda, o que lhe valeu o apelido de "Vermelha", e que tinha um traço físico muito peculiar: a cabeça com o formato de uma lata de carne em conserva. Estreita atrás, afilava-se para fora e para a frente, formando o rosto. Isso pode parecer estranho, mas não quer dizer que seja um insulto. É que eu simplesmente tive muito tempo para observar essa cabeça, visto que me sentava atrás dela nos exames da Standard Two (sexto ano), querendo absorver, fisicamente, as informações contidas lá dentro. Melhores amigas ou não, Vermelha e eu declarávamos guerra intelectual na época dos exames, e ela era uma oponente formidável. Costumava me bater em aritmética, e eu prevalecia em inglês. Tirava notas máximas em história; eu a derrotava em geografia. De ano letivo em ano letivo, rivalizávamos para ser a primeira da classe.

Formato de cabeça à parte, Vermelha era realmente uma garota linda, com um emaranhado de cabelo preto cacheado e lábios pretos tão pronunciados que parecia sempre ter passado batom. Tinha dentes brancos lindos e, quando sorria, as crianças e os adultos ficavam deslumbrados. Em resumo, Vermelha era uma graça, astuta e sabia disso, usando essas características como uma arma — impiedosamente.

Antes do almoço tínhamos aula de inglês, seguida de geografia, artes e aritmética. Num dia fatídico, Vermelha e eu decidimos fugir da escola e viver uma aventura. Já sabíamos quase toda a matéria das aulas da manhã, e achamos que uma vez que estávamos tão adiantadas, podíamos nos permitir uma pausa. Vermelha morava no meio da zona do meretrício de nosso bairro, a apenas dois quilômetros de distância do caminho da escola. E embora ainda não soubéssemos exatamente o que as prostitutas faziam, quase completamente ingênuas sobre questões sexuais com aquela idade, nós as admirávamos na rua do teatro e queríamos examiná-las mais de perto. Adulta, percebi o quão perigoso o nosso pequeno passeio poderia ter sido, mas, na época, parecia mais uma outra oportunidade de mostrar todas as minhas habilidades performáticas.

A mãe de Vermelha trabalhava de dia e seu pai tinha morrido antes de ela nascer; assim, sabíamos que poderíamos usar a casa dela como base de operações. Pusemos nosso plano em ação. Primeiro, Vermelha pediu à professora para ir ao banheiro. Esperei pela minha vez, que veio logo.

"Livros de exercícios, lápis e livros de leitura", disse, a professora. "Hoje vamos ler a história de Shogologo Bankoshi." Assim que ela se virou para escrever na lousa, perguntei se eu também podia ir ao banheiro. Ela não se virou para ver quem estava pedindo — minha voz grossa e grave sempre me denunciou. E, realmente, isso me valeu meu primeiro apelido: "Vozeirão". Minhas roupas me valeram o meu segundo apelido: "Cem Libras". Isso aconteceu no primeiro dia de aula quando, com a prolixidade desinibida da juventude, deixei escapar o preço da minha nova roupa. É claro que deixei de dizer para as minhas colegas de classe muito impressionadas que minha mãe tinha comprado a roupa numa liqüidação pela metade do preço original. Então, daquele dia em diante, pelo meus três anos de permanência na Escola de Meninas Yaa Achia, passei a ser chamada de Vozeirão de Cem Libras.

Vermelha foi me encontrar fora dos portões da escola e nós praticamente dançamos até a casa dela, exultantes por ter sido tão fácil escapar. Imaginamos que teríamos de duas a três horas de brincadeiras antes de voltar à escola. Compramos picolés de um vendedor com uma geladeira de isopor na frente da sua bicicleta. Tinha gosto de leite em pó e deixou os nossos lábios vermelhos e alaranjados, mas nós não ligamos. Estávamos livres!

Quando chegamos ao imaculado apartamento de Vermelha, ela imediatamente tirou uma variedade de roupas e perucas do armário de sua mãe. Sorte nossa que a sra. Cudjoe era tão pequena quanto a filha, e podíamos vestir as suas blusas sem precisar ajustar muito. Ocorria o mesmo com as perucas — Vermelha pôs uma afro de cachos soltos, eu escolhi uma pequena de mechas lisas com franja. As anáguas eram mais problemáticas, visto que pareciam tendas em nós e, é claro, queríamos que ficassem o mais ajustadas possível, mas alguns alfinetes de segurança e um pouco de malícia podem fazer maravilhas.

Depois de cerca de uma hora pregando, puxando, alfinetando, estofando e escovando, quase parecíamos uma peça de automóvel — blusas vermelhas e cor-de-rosa com babados, abotoadas sobre sutiãs acolchoados, combinando com meias pretas insinuantes e na altura dos joelhos. Agora, à maquiagem! Atacamos os *pancakes*, os batons, os delineadores, as sombras, os cílios postiços, os lápis de sobrancelhas, e rapidamente nos transformamos em próprias mulheres de rua. Devíamos estar um horror, mas nos achávamos lindas. Olhamo-nos no espelho, demos uma última olhada pela janela em nossas colegas profissionais lá embaixo e, com longos lenços de pescoço de seda enrolados, cuidadosamente descemos à rua — ainda com os sapatos da escola. Nenhum sapato de salto alto da sra. Cudjoe nos serviu.

Nossa aparência quase causou um acidente de automóvel, e realmente criou um engarrafamento! Parecia que todos os taxistas e os motoristas particulares só tinham olhos para nós. Causávamos sensação — e quase não sabíamos como agir. Planejamos ficar plantadas juntas e ver como as putas trabalhavam. E como trabalhavam! Nós as víamos andar até a janela meio aberta do carro, tagarelar um pouquinho com o ocupante, e depois entrar e andar de carro com ele. Ou, pegavam dinheiro do motorista e o esperavam estacionar, depois do que desapareciam juntos num dos prédios das vizinhanças.

Diferentemente dos motoristas, as mulheres de rua não estavam felizes em nos ver. Uma por uma, vinham e falavam com a gente — gentilmente no começo, depois cada vez mais agressivamente. Mas nenhum dos seus destemperos funcionou para nos assustar, porque já estávamos petrificadas — congeladas em nosso ponto na esquina debaixo das janelas da sra. Cudjoe. Então elas começaram a nos oferecer dinheiro para que fôssemos embora. Aquilo era intrigante, mas não sabíamos como reagir. Teríamos de ir para um daqueles prédios com elas, como faziam quando os motoristas lhes davam dinheiro? Ainda estávamos tentando decidir o que fazer com o nosso primeiro suborno, de três libras, quando uma mulherzona, de braços dados com uma mulher mais bonita ainda, veio até nós, pôs cinco libras na minha mão e nos disse que déssemos o fora da sua zona. Vermelha e eu não acreditávamos. Que audácia! Era a rua de Vermelha, ela morava lá desde que nasceu.

Concluí que a pobre mulher e a sua amiga eram provavelmente loucas. Pela aparência delas, eu não conseguia imaginar como poderiam ser donas de alguma coisa. O que dizer então de uma esquina. No final das contas, ambas estavam vestidas *obroni waawn*. Embora seja um termo para roupas de segunda mão, a tradução literal é "homem branco morto." A primeira impressão, de que ninguém possuiria essas roupas até que uma pessoa branca batesse as botas e as deixasse, significava que vestir-se *obroni waawu* era humilhante e ninguém jamais admitiria vesti-las, mesmo que a maioria o tivesse feito ocasionalmente.

O que, sussurrei para Vermelha, fez com que essas doidas pensassem que poderiam nos expulsar da nossa esquina, visto que vestíamos as roupas boas da Sra. Cudjoe e elas só tinham *obroni waawu*? Eu lhe disse que as lembrasse disso, mas em vez de escutar, disse: "Bem, vocês têm de nos dar mais dinheiro ou simplesmente ficaremos aqui o dia todo".

Eu quase caí morta de medo quando a mulherzona veio bem para perto de nós, olhando cuidadosamente à sua volta, enfiando a mão no decote. Eu tinha certeza de que era uma faca, mas em vez disso ela pegou mais outras cinco libras.

"Agora fora daqui, suas ratazanas", ela rugiu, "antes que eu mate as duas."

Apanhamos o dinheiro e subimos correndo as escadas que davam para o apartamento de Vermelha, onde despencamos no sofá sem ar, porém extasiadas. Tínhamos conseguido treze libras em menos de uma hora — nada mal para duas fedelhas com menos de 11 anos!

Voltamos e pusemos as nossas próprias roupas, e depois nos preparamos para gastar a nossa arrecadação. De mãos dadas, descemos a escada correndo e fomos para o beco que ficava atrás da casa de Vermelha, onde se vendiam todos os tipos de doces, confeitos e bebidas doces que nunca tínhamos permissão para tomar. Comemos as guloseimas na sala de estar da casa de Vermelha, olhando as nossas "amigas" prostitutas trabalhar embaixo, na rua, e rindo de suas extravagâncias. Imitávamos a sua maneira de andar e os seus modos, e apostávamos nas que achávamos que iam ser mais requisitadas. Depois de comer e beber até entrar em estupor, acordamos com o cantar dos pneus de um carro. Eram três horas; a escola ia fechar em vinte minutos! Limpamos os nossos uniformes, rostos e cabelo e corremos de volta para a escola, chegando bem na hora em que as crianças estavam atravessando os portões. Ninguém reparou em nós, e conseguimos sair pé ante pé e pegar as nossas malas.

No caminho de volta para casa eu ria, pensando que se alguém tivesse perguntado o meu nome eu teria respondido "Cem Libras..." — Será que perceberiam que era o meu nome e não o meu preço?

※○※ ▓▓▓ ✕✕ ▓▓▓

Mamãe estava à minha espera quando cheguei em casa. O nosso bairro finalmente ia ter eletricidade, e por isso os homens estavam trabalhando nas casas a semana toda; portanto, tudo estava a maior bagunça, mas ela estava completamente animada. Disse oi a ela, à vovó e à titia Betty, depois fui pegar uma bebida gelada. Mamãe me chamou quando eu estava na cozinha, pedindo que eu fosse pegar os seus chinelos no quarto. Assim que entrei no quarto, ela veio atrás e trancou a porta.

Num rápido movimento, ela agarrou a parte da frente do meu uniforme e me puxou até ela, perguntando: "Como foi na escola hoje?". Lembro-me de ter pensado que a maneira como ela me agarrava era um pouco agressiva para uma pergunta tão inocente. Olhei para ela, e de repente tive uma terrível sensação, que a gente só tem quando sabe que fez alguma coisa errada e sabe que fez — restando apenas perguntar qual será a punição, e se vai doer muito.

Olhei nos olhos de mamãe com um otimismo que só uma criança pode ter, buscando um lampejo de esperança, embora pequeno, de que eu não estava prestes a ser surrada até a morte. Eu não conseguia entender os seus raciocínios, mas como eu acabara de chegar em casa, não havia jeito de ela saber da minha escapadinha, e resolvi arriscar. "Na escola? Legal," eu disse, impunemente.

Ela continuou: "Então, você fez algo de interessante de inglês hoje?" Ah! A brecha que eu estava esperando. Eu me empertiguei, e com um sorriso amarelo, disse: "Sim, mamãe, nós lemos Shogologo Bankooshi."

Ela largou do meu pé um pouco, acalmando-me com uma falsa sensação de segurança. Mas foi só pelo tempo de pegar um pedaço do fio de eletricidade, sem dúvida deixado pelos operários. Atacando-me violentamente, ela gritou: "Por que você mente para mim? Onde você esteve o dia todo? Minhas pacientes disseram que você foi vista em Odum, no meio das prostitutas. Eu mando você para a escola para você vender o seu corpo? Você não se respeita? Você é mesmo minha filha, ou algum demônio enviado para me tentar?"

O castigo e a sova continuavam e eu gritava e corria no cerco cheio de camas, com mamãe atrás de mim. Finalmente, percebi que não podia escapar dela porque ela havia trancado a porta, então parei de correr. Mas mamãe interpretou isso como um desafio a mais e intensificou o ataque, ainda usando o fio de eletricidade. Estava rouca de tanto gritar, então fiquei parada, estupefata, enquanto ela descia a mão em mim.

A certa altura, percebi que minha avó e a titia Betty estavam batendo com força na porta do quarto, implorando que mamãe me largasse e as deixasse entrar. Ameaçaram contar tudo para o papai e para os parentes mais velhos, mas ela nem deu bola. E, na verdade, bateu até ficar totalmente sem fôlego, até a raiva passar. A saia púrpura e verde de minha mãe farfalhava quando passava pela minha cabeça. Fiquei enrolada no chão por muito tempo depois de ela sair do quarto; aquela sova tinha chegado na alma. E, de fato, até os 35 anos, as cores púrpura e verde juntas me faziam passar mal. Só há pouco me dei conta do porquê disso.

Minha avó e minha tia cuidaram de mim. Lembro delas me pegando no colo e dos lençóis macios da minha cama; da fragrância da água de cheiro e da ardência da água morna e do iodo. Mergulhei num sono profundo e triste.

Toda a família pôs minha mãe no ostracismo por semanas.

XOX XMX X X XMX

Agora eu entendo que minha mãe estava com medo do que eu poderia tornar-me, mas o castigo foi extremamente desproporcional. Na verdade, ela achou impensável que a sua preciosa filha fosse associada com as prostitutas, mesmo por caçoada, então decidiu varrer qualquer impulso para longe de mim. Por anos eu detestei minha mãe por isso, principalmente porque a notícia de que eu tinha apanhado se espalhou por toda a família. Minhas primas me provocavam, ameaçando contar a minha mãe todos os tipos de coisas inventadas para que eu levasse outra sova.

Todas as vezes que uma criança de nossa família se comportava mal, os adultos também a ameaçavam, dizendo: "Vou mandar você morar com a Senhora Naa Lamiley para você experimentar o tratamento de Dorinda". Quando as crianças iam mal na escola, os pais diziam: "Olhe a lição de Dorinda, ela é esperta. Lembre-se de que a mãe dela diz poupe a vara e estrague a criança". E eu pensava, se era necessário fazer aquilo para ser colocada em um pedestal, eu preferiria sentar no chão, muito obrigada.

XOX XMX X X XMX

No entanto, nem todas as transgressões acabavam em sova. Minha mãe também era bastante boa em ensinar contando histórias tradicionais. A narração a seguir me foi contada depois de um episódio menos aflitivo que a excursão ao prostíbulo, mas, mais uma vez, mostrou que eu tinha uma séria falta de bom senso. Aconteceu num dia em que eu estava cuidando de minhas irmãs. Minhas três irmãs mais novas estavam me deixando louca, e eu tive uma idéia que podia fazer com que elas ficassem quietas — ler em voz alta. Como não chegavam a um acordo quanto à história, sugeri que cada uma escolhesse o seu livro preferido, e assim leríamos três histórias.

Tínhamos de resolver o problema de como pegar os livros preferidos lá embaixo, onde eles ficavam, em cima da prateleira mais alta da estante. Eu não conseguia encontrar uma escada de mão, e não havia cadeiras altas na sala de estar, onde ficava a estante.

De repente, tive um lampejo de inspiração — iríamos construir a nossa própria escada de mão! Mandei Lynda pegar uma cadeira da sala de jantar, que eu virei de cabeça para baixo e apoiei na prateleira que, por acaso era da mesma altura. Estava meio capenga, então mandei Susan me trazer o banquinho tradicional que pusemos em cima da cadeira de pernas para cima. Estava quase perfeita, mas tinha de ser mais confortável. O pequeno Sam colocou um travesseiro em cima da coisa toda. Eu estava muito orgulhosa da minha invenção, mas ainda faltava certa estabilidade. Então, antes de mandar Susan subir para pegar os livros, pus Lynda e Sam em cada lado da "escada", para que a segurassem firme.

Bem, teria sido perfeito se Susan, tentando se equilibrar, não tivesse derrubado os livros na cabeça das crianças menores. Elas pularam para trás, chorando e gritando, e a coisa toda se esborrachou no chão. Quando minha mãe entrou correndo, o joelho de Susan estava sangrando e as outras crianças, inclusive eu, estavam gemendo de dor. Eu esperava uma grande sova, mas em vez disso minha mãe apenas fez com que eu me sentasse e me contou esta história:

ANANSE E O SEU VASO DE SABEDORIA

Há muito tempo, Kwaku Ananse, o homem-aranha, olhou por muito tempo e demoradamente para o restante do mundo e disse: "Não gosto do que vejo. Há muitíssimas pessoas com cérebro e muito poucas, muito poucas sem cérebro. Para conseguir enganar alguém, vou precisar mudar isso de alguma maneira. Preciso roubar todos os cérebros, sabedoria e inteligência das pessoas espertas. Assim, todos serão estúpidos, menos eu, e conseguirei fazer tudo o que quiser".

Então, o sr. Ananse fez um enorme vaso de cerâmica com uma tampa bem apertada e saiu pelo mundo a roubar todos os cérebros, esperteza, sabedoria e inteligência e guardou tudo no grande vaso. Depois de alguns meses, a sua missão estava completa — tinha escondido todos os cérebros, toda esperteza, sabedoria e inteligência no vaso e todas as pessoas do mundo tornaram-se estúpidas.

O sr. Ananse decidiu pôr o vaso de cérebros em cima da árvore mais alta que conseguiu achar. Para isso, fez dois cintos de couro fortes para erguer o vaso. Um cinto ficava em volta do vaso e da cintura dele; o outro ficava em volta do vaso e em cima dos seus ombros. Ele ficava engraçadíssimo daquele jeito, como se estivesse grávido dos cérebros, da sabedoria e da inteligência alheias, mas ele não ligava. No final das contas, tinha o que queria. Então começou a trepar no coqueiro. Escalava passo a passo. Era devagar e difícil porque ele precisava de todas as mãos para subir, tornando mais difícil ainda manobrar o vaso.

O dia todo o sr. Ananse tentou levar o seu vaso para o topo da árvore, mas perto do pôr-do-sol ele tinha subido apenas metade. Estava cansado e com fome. Seus pensamentos começaram a viajar até sua casa, onde um prato de sopa quente e fufu certamente estariam esperando por ele. Isso não está dando certo, pensou, é preciso desistir.

Então ouviu uma voz de criança no pé do coqueiro. "Ei, meu senhor", disse a voz, "eu poderia ajudá-lo a levar o grande vaso para o alto da árvore."

O sr. Ananse não estava para brincadeiras. "Olhe, criança, se você está pensando que vai me pregar uma peça, esqueça. E seria melhor que você desse o pé daqui antes que eu o agarre!"

Mas a criança insistiu. "Não, sr. Ananse, o senhor entendeu tudo errado. Se o sr. virasse o vaso, e as partes do cinto fossem para a frente e o vaso para trás, o sr. acharia muito mais fácil subir no coqueiro."

O sr. Ananse considerou o que a criança tinha dito. Pensou: a criança deve estar certa. Mas como pode essa criança ser tão esperta uma vez que tenho todos os cérebros, intelectos e sabedorias no meu vaso? O sr. Ananse pensou mais um pouco, e, de repente veio a resposta. Bom senso! Ele tinha esquecido de pegar o bom senso quando estava colhendo todo o resto daquele traste. "Oh," caiu em si, "Preciso descer e pegá-lo imediatamente."

O sr. Ananse agora estava sendo ganancioso. Estava com tanta pressa de agarrar o bom senso da pobre criança que não tomou cuidado ao descer da árvore. Escorregou e caiu no chão e o seu vaso de cerâmica se quebrou em milhares de pedaços, espalhando cérebros, inteligências, sabedorias e espertezas que ele havia reunido tão cuidadosamente. E foi assim que eu e você pegamos um pedaço de cada um. Agora, tudo o que precisamos fazer é usar um pouco do bom senso que sempre tivemos e tudo dará certo porquê: *O livro do conhecimento sem bom senso é inútil.*

Então, mamãe me pegou pela mão e me levou de volta para a sala de estar, chamando meus irmãos e minhas irmãs para assistir. Virou a cadeira para o lado certo e falou para eu me sentar no assento. Então, dando-me os livros que estavam no chão, Mamãe disse, calma como nunca: "Por favor, ponha na prateleira certa, Naa Tsenkua".

Peguei os livros, levantei, e os coloquei na prateleira de cima.

Mamãe arreganhou bastante os dentes para nós e disse: "Não é muito mais fácil assim?"

Nunca Estive Aqui
e Isso Nunca Aconteceu

Por amor a essa história, apelo para a sra. Bonsu, que foi minha professora no segundo ginasial (6ª série) no ano em que Vermelha e eu tivemos a nossa aventura, e ela era como uma mãe para nós. E nós, como qualquer criança, às vezes a detestávamos — mais precisamente, todos os dias úteis, quando ela insistia em inspecionar a limpeza de unhas, dentes e roupa de baixo, assim como do cabelo, à procura de lêndeas e piolhos. Aquilo parecia uma estúpida e fútil rotina — assim como os nossos exercícios semanais de segurança, práticas de emergência para serem colocadas em prática caso nossa escola fosse atacada. Tampouco ficávamos felizes quando nos dava muitas composições de inglês numa semana, mas gostávamos dela, de verdade, a maior parte do tempo. Gostávamos dela especialmente nas sextas-feiras, quando ela não apenas nos ensinava canções divertidas, mas também as cantava com alegria.

Não há nada que dê mais vontade de ter aulas às segundas-feiras do que uma canção alegre soando nos ouvidos durante o fim de semana. A sra. Bonsu era esperta nisso, e acho que ela realmente se preocupava com a gente. Era professora residente do 2º ginasial há alguns anos quando fui aluna sua, e tínhamos quase todas as matérias com ela.

Isso se deu em meados dos anos 50 na Yaa Achia Girls School em Kumasi. Eram tempos felizes e inocentes para nós, mas não para os adultos à nossa volta. Na verdade, eram tempos perturbados por agitações políticas, prisões, traições, facções e conflitos armados entre os membros dos partidos governistas e as suas contrapartes opositoras. Nisso estavam incluídos violentos ataques incontidos, não somente às figuras públicas ou aos ativistas políticos, mas também aos espectadores aparentemente inocentes. Nem é preciso dizer que nossos pais ficavam muito preocupados com a nossa segurança, particularmente em nosso caminho diário de ida e volta da escola, o que implicava andar vários quilômetros a pé por distritos leais ou não às facções políticas.

Alguns pais iam juntos e faziam rodízio de carros para levar e buscar os filhos na escola enquanto outros, como minha mãe, pagavam taxistas de confiança para fazer isso. Em geral era Papai Asamoah, o taxista da nossa família, quem me levava e me pegava na escola todo dia. Quando demorávamos mais de meia hora para chegar em casa, minha mãe ficava preocupada, andando pela casa, e mandava outros taxistas amigos nos procurar. Era esse o pano de fundo frenético da época e muitas crianças eram afetadas por isso.

No dia em questão, a sra. Bonsu nos surpreendeu. Só cantávamos às sextas-feiras, mas daquela vez ela rompeu a tradição e começou a nos ensinar uma canção no meio da semana. Essa incongruência intrigou a classe toda, e olhávamos atentamente conforme ela ia escrevendo as palavras da música com giz branco na lousa, zunindo o tom quando escrevia. A canção começava assim:

Osei Bonsu, Opoku Fofie, Osei Yaw, Osei Yaw Akoto,
Kwaku Duah Odikan, Kofi Karikari, Mensah Bonsu,
Kwaku Duah, Prempeh.

No fim aquilo ficou claro — não era de modo algum uma aula de canto, era apenas uma técnica incomum de ensino de história. O começo não é a letra da música; é uma lista cronológica dos nomes dos chefes achantis precedentes ao monarca reinante na época.

A sra. Bonsu virava para olhar a classe e se punha a cantar enquanto orgulhosamente anunciava o nome de cada chefe, balançando um pouco a cabeça no compasso rítmico dos pés. Cantava a história toda de uma vez, depois começava uma segunda interpretação. Não terminou. No meio da música, um ovo marrom gigantesco veio voando pela janela e se espatifou na mesa dela. Sua voz mudou de melodiosa para assustada quando gritou para nós: "Uma granada, rápido crianças, escondam-se!"

De repente a nossa detestável rotina semanal de emergência não parecia ser tão detestável assim. Corremos rápido e com eficácia, como uma unidade militar bem-treinada, direto para a posição que tínhamos praticado. Viramos as nossas pequenas mesas de madeira para formar uma barreira, depois nos agachamos e formamos um grupo coeso atrás do cordão de isolamento. As coisas estavam nesse pé quando aconteceu — um grande BANG, uma grande explosão seguida de um silêncio sepulcral. Tudo aconteceu tão rápido e tão lentamente ao mesmo tempo. A sala ficou cheia de espessa fumaça e de um cheiro de carne queimada.

No começo ninguém se mexeu, depois uma criança gritou que outra tinha se molhado. Outras crianças começaram a pular e a gritar "kai" ("yuck"), muito embora a umidade não estivesse perto delas; e assim, outras empurraram os seus vizinhos imediatos para fora, exclamando que eles estavam pisando nos seus pés ou puxando os seus uniformes. Em poucos segundos, começamos a nos virar uns para os outros como uma alcatéia de lobos, nos acotovelando e ganindo uns com os outros em meio ao nosso terror. Ninguém reparou na sra. Bonsu no começo.

De repente, uma das crianças que estavam empurrando, esbarrando e discutindo ficou imóvel, olhando de boca aberta, incapaz de emitir um som. Devagar nós todos paramos e nos viramos para seguir o seu olhar fixo. A lousa e a mesa estavam cobertas de sangue e de partes do corpo, os restos da nossa adorada professora. Vinte e oito crianças grudadas no chão como se estivessem hipnotizadas.

Outros professores tinham ouvido a explosão e vieram correndo para deparar com o mais macabro espetáculo — a sra. Bonsu estilhaçada por uma granada de mão, com os alunos todos amontoados, olhando fixamente.

Não me lembro muito do que aconteceu depois ou de como saímos dali, mas me lembro muito bem da nossa nova sala de aula. Não tínhamos mesas nem cadeiras, apenas um pouco de grama debaixo das mangueiras, para onde sempre íamos ter aula de educação artística. Sentávamos num semicírculo em volta da nossa nova professora, que era mais jovem e menos maternal do que a sra. Bonsu e, em vez das nossas aulas usuais, ela nos ensinou histórias tradicionais pelo resto do ano letivo.

Ninguém nunca discutiu aquele dia fatídico conosco. Não havia conselheiro ou psicólogo de crianças para nos acompanhar naquele processo aflitivo. Ninguém, criança ou adulto, trouxe o assunto à tona outra vez. Era como se tivéssemos assinado um pacto coletivo de silêncio, e se falássemos sobre aquilo teríamos má sorte, um tabu provocaria tudo de novo. Tínhamos medo de despertar os mortos, logo, de falar, então cada qual ficou com suas lembranças e seus sofrimentos. Aprendemos a sepultar aquilo no mais profundo de nossas almas, como as crianças fazem com qualquer outro trauma profundo.

Vários amigos meus da escola começaram a fazer xixi na calça com mais freqüência na sala de aula, e outros gaguejaram por muito tempo depois. E eu comecei a ter problemas para compreender as coisas escritas com giz branco nas lousas — quando escritas com qualquer outra cor não havia problemas. Nos meus anos de colegial, eu ainda penava muito para fazer a minha mão parar de tremer toda vez que eu tinha de copiar a matéria de história cultural. O que acho que também explica por que eu tinha tantas perturbações, tanta insônia, tantos ataques de pânico relacionados com o incidente daquele dia. Retrospectivamente, o elemento de dúvida e de negação era de como voltar à ordem e como fazer com que as pessoas que lá estiveram nunca evocassem o incidente. Isso é parte do meu pesadelo e também do porquê eu geralmente me perguntar se eu realmente estive lá e se aquelas coisas aconteceram mesmo.

Daquele dia em diante, eu nunca consegui aprender direito os nomes completos e a ordem correta da sucessão dos chefes achantis.

✖✖✖ ✖✖✖ ✖ ✖ ✖✖✖

Esta é uma das histórias que aprendemos como parte daquelas sessões terapêuticas de contar histórias debaixo das mangueiras.

✖✖✖ ✖✖✖ ✖ ✖ ✖✖✖ ENCONTRO ✖✖✖ ✖✖✖ ✖ ✖ ✖✖✖
COM A MORTE

Antigamente, há muito tempo, os seres humanos nunca morriam. Quando ficavam cansados de viver suas vidas, eles simplesmente viravam qualquer animal que queriam, e viviam um tipo diferente de vida. Depois de passados alguns anos, quando ficavam cansados disso, podiam virar outra espécie de animal, ou uma árvore, ou o vento. Então, depois de mais alguns anos, podiam voltar a ser humanos. Na verdade, muito embora tudo seja diferente agora, é por isso que ainda falamos com o vento e com os animais, porque ainda hoje eles carregam os espíritos daquelas primeiras pessoas. Mas vejamos do que fala essa história.

Então, voltando para aqueles tempos em que todos os seres viviam felizes juntos — todos os seres, exceto a Morte. Esta já havia sido humana, mas foi banida por sua personalidade horrível e desagradável e por seu comportamento anti-social. Vivia sozinha numa caverna numa terra muito distante, mas, mesmo proscrita, sentia falta de companhia humana. Sempre perguntava às pessoas em diferentes distritos, cidades e vilarejos se podia ir visitá-las, mas ninguém confiava nela — sabiam que toda vez que a Morte rondava, coisas ruins pareciam acontecer. Mas era uma verdadeira obsessão para ela, e ela simplesmente continuava perguntando.

Numa semana em particular, a Morte pediu para vir e visitar a nossa parte do mundo. E, realmente, estava esperando na entrada da grande cidade de Kumasi. Os anciãos da cidade decidiram que três jovens corajosos e fortes deveriam ir dizer-lhe que não era bem-vinda. Assim como nos tempos das guerras tribais, sempre se incentivavam os jovens a fazer coisas nobres pela tribo, e até mesmo pelo seu país, mas agora era diferente. Dessa vez o perigo era tanto que o chefe decidiu oferecer 3 milhões de libras para incentivar os voluntários. Então, a notícia se espalhou por todo o povo de Kumasi: o chefe precisa de três jovens corajosos e fortes e está disposto a pagar muito bem pelo trabalho. Assim, três corajosos amigos da escola se apresentaram como voluntários e foram aceitos. Depois de uma deliberação entre os conselheiros do chefes sobre como exatamente fazer a Morte saber que não era querida, eles foram mandados para o limite da cidade.

Não havia nenhum carro, então eles tiveram de andar. E não havia muito o que olhar pelo caminho — visto que, ao saberem da visita da Morte, os vendeiros lacraram suas portas e janelas, os pais trancaram os filhos em de casa, e as ruas ficaram praticamente desertas. Isso fez com que a longa viagem parecesse ainda mais longa, e para ficar com o moral alto, os três amigos riam e brincavam, caçoando e provocando uns aos outros.

Mas a meio caminho do local do encontro, os três amigos perceberam que tinham sido trouxas. Em sua excitação em salvar a cidade da visita da Morte, esqueceram de trazer comida e bebida, e ainda faltava bastante caminho. Cansados, famintos e sedentos, chegaram a uma solução. Iam jogar palitinho e aquele que pegasse o menor teria de voltar até encontrar algum lugar onde pudesse pegar algumas provisões enquanto os outros dois teriam um bem merecido descanso na sombra. Todos concordaram e jogaram um monte de palitinhos.

Mas mal havia o perdedor pego o caminho para o centro da cidade, um dos amigos remanescentes virou para o seu companheiro e disse: "Ei, você está pensando o que eu estou pensando?" "Eu não sei o que você está pensando", replicou o amigo, "mas o que eu estou pensando é bem selvagem." Então eles trocaram idéias, e você sabe o que aconteceu? Ambos tinham a mesma idéia mesquinha e malvada. Ou seja, se algum acidente nefasto acontecesse com o terceiro amigo, e ele nunca voltasse, eles poderiam dividir a sua parte do dinheiro.

"E afinal", disse o primeiro, "por que dividir 3 milhões de libras entre três pessoas quando podemos dividi-los em dois?" Ficaram um pouquinho lá, imaginado o que poderia acontecer ao seu amigo, e o que cada um poderia fazer com todo aquele dinheiro. Finalmente, um deles pulou e falou de um fôlego só:, "Vamos simplesmente matá-lo quando ele voltar. Ninguém nunca saberá — podemos dizer que a Morte acabou com ele." Então, apertaram as mãos e selaram o acordo, um complicado segredo contido num aperto de mãos trocado em plena luz do dia. E então deitaram para tirar uma soneca, preparando-se para agarrar o amigo assim que ele chegasse.

Mas o terceiro amigo, o que tinha apanhado o menor palitinho, não estava muito feliz naquele momento. Por que, ele se perguntava quando dava meia volta para a cidade, ele sempre tinha de fazer os piores trabalhos? Os dois amigos já tinham alguma vez pego o palitinho pequeno? Não. Deviam estar juntos naquilo e sempre tramando pelas suas costas. Quanto mais ele andava no calor e o sol castigava a sua cabeça, mais paranóico ficava, e quando finalmente chegou à cidade, já havia urdido o seu próprio plano maligno. Ia mostrar aos amigos, pensou. Ia ensiná-*los* a não conspirar contra ele. Decidiu comprar a comida e a bebida, como planejado, mas comeu a sua porção primeiro e, depois, envenenou o resto. Daria aquilo aos amigos e ficaria olhando eles morrerem. Então concluiria a sua missão, e voltaria para dizer, com grande pesar, que a Morte tinha roubado os dois amigos — e, é claro, pediria todo o dinheiro para si.

E então conseguiu encontrar a única loja aberta na cidade (os seus donos eram ambos surdos-mudos e não tinham escutado os avisos de que a Morte estava vindo): comprou a comida, comeu o suficiente, e em seguida envenenou o resto como o planejado. Mas quando voltou para perto de seus amigos esfomeados, estes o atacaram como que possuídos e bateram nele com paus e pedras até matá-lo. Então, contentes por terem executado o seu plano maligno, apertaram as mãos de novo (usando, é claro, o seu complicado aperto de mãos secreto) e se sentaram para apreciar a comida trazida a eles pelo seu agora morto amigo. Mas a comida que ele lhes tinha trazido estava envenenada, e eles também caíram mortos.

E foi assim que os três amigos de escola encontraram a Morte, mas de uma maneira que ninguém poderia imaginar. E a Morte, como ninguém apareceu para mandá-la embora, chegou à conclusão de que, enfim, era bem-vinda entre os seres humanos, e então entrou na cidade para ficar para sempre.

Faça Como Eu Digo ou Apimento Você

Toda a minha juventude ouvi alguns adultos (com exceção, é claro, de meus pais e parentes) dizer a seus filhos, "Faça como eu digo ou apimento você". Nunca soube realmente o que aquilo queria dizer, tomando-o como uma frase proferida ao acaso, uma piada de adultos, uma ameaça vazia. Não até ser mandada para o meu primeiro internato e aprender algo diferente.

A escola era a Mmofraturo Methodist Girls Boarding School, e todo ano distribuía propostas a várias escolas locais de Kumasi, para encorajá-las a recomendar novas calouras potenciais. Tive a sorte de ser uma das cinco alunas na minha escola a ser escolhida, mas minha mãe disse que eu não poderia ir. Implorei que ela discutisse o caso com Papai.

Papai concordou com mamãe que não poderiam pagar, mas ele queria me mandar de qualquer forma. Mamãe disse que eu era nova demais. Papai lembrou a mamãe que eu já tinha dez anos e tinha sido uma babá muito capacitada para as minhas duas irmãs mais novas nos últimos quatro anos. Mamãe disse que eu ia sentir saudades de casa. Papai contra-atacou dizendo que eu precisava passar mais tempo com crianças iguais; disse que eu devia ter feito um esforço extra para me qualificar para a Mmofraturo e que se eu havia sido bem-sucedida, então eu deveria ser recompensada pela minha proeza.

Ficou decidido. Eu mal podia esperar para encher a mala de roupas etiquetadas que todas as alunas novas deviam levar, junto com as provisões que também eram requeridas. A saber:

Dorinda, com 12 anos, na Mmofraturo Girls Boarding School

6 latas de carne em conserva
6 latas de sardinhas
6 latas de feijões cozidos
6 latas de leite em pó
1 pote grande de pimenta (feita em casa)
1 frasco de ketchup
1 saco grande de farinha de mandioca não refinada
1 pacote de sal
2 potes de margarina

1 lata grande e redonda de queijo
6 pacotes de sabonete
1 tubo de pasta de dentes
6 rolos de papel higiênico

e no baú:

6 pares de meias brancas
6 pares de roupas de baixo
6 lenços
3 jogos de cama
3 fronhas
3 camisolas
2 toalhas de banho
2 unidades de sabão em pedra
2 pares de sandálias achimota
1 saco de algodão para pôr no banheiro
1 escova de dentes
1 lanterna com pilhas

Titia Betty e titia Sophie verificaram se eu tinha tudo o que estava na lista. Sempre pude contar com minha titia Sophie. Na verdade, ela não era um parente de sangue, mas uma amiga bem chegada da nossa família, que por acaso morava do outro lado da rua, e era como uma irmã gêmea de minha mãe. Vestiam-se do mesmo jeito (em geral compravam os mesmos tecidos), arrumavam o cabelo igual (tinham o mesmo cabeleireiro e o mesmo joalheiro), tinham o mesmo amor por cozinhar e geralmente trocavam receitas — e os seus maridos haviam nascido no mesmo dia! Mamãe e titia Sophie consideravam seus os filhos da outra, e os tratavam da mesma maneira. Nós, por nossa vez, gostávamos de ambas.

Ah, não mais cuidar de minhas irmãs (exceto quando vinha para casa), não mais limpar a sala de minha mãe (exceto nas férias escolares), não mais ser tratada como criança. Finalmente estava a caminho da minha primeira aventura de independência, dormir com minhas amigas durante três meses. Estava superfeliz com a expectativa.

A Mmofraturo Methodist Girls Boarding School ficava num recanto cheio de paisagens, estonteantes, aconchegada entre baobás e palmeiras e jacarandás floridos. A palavra "mmofra" quer dizer crianças e "turo" quer dizer jardim, por isso o nome da escola significa "jardim das crianças". Para estampar esse tema, nosso uniforme escolar tinha uma ampla variedade de tons pastéis. A primeira vez que eu entrei no *campus* e vi um verdadeiro jardim de amigas potenciais, vestidas como flores da primavera, em seus uniformes da cor de alfazema, rosa, amarelo, verde hortelã, azul e laranja pálido suave, percebi que estava num paraíso especial reservado apenas para moças.

Não importava que pela primeira vez na vida eu teria de usar latrinas comuns ou que a comida tivesse gosto de papelão fervido. Eu tinha as minhas latas de carne em conserva e não devia nada a ninguém. Poderia ficar tanto tempo quanto quisesse com minhas amigas e saborear cada momento, preocupada porque os meus primeiros três meses lá podiam passar rápido demais.

Cada grupo de dezesseis meninas dividia uma casa, que, por sua vez, era dividida em três dormitórios, de quatro a seis moças por quarto. Nosso dormitório ficava na Casa Quatro. À noite, todas as meninas da Casa Quatro saíam sorrateiramente da cama e se juntavam num único quarto, onde ficávamos até tarde batendo papo. No meu dormitório, grande parte das meninas eram alunas do primeiro ano, e nós achávamos a nossa liberdade estimulante.

As luzes se apagavam às oito horas durante a semana escolar, e às nove horas nos fins de semana. Depois que a professora apagava as luzes, devíamos parar de rir e de fofocar e ir dormir, mas obviamente meninas são meninas; gostávamos de nos divertir e de continuar nos divertindo, especialmente quando havia uma história saborosa que queríamos ouvir. Na primeira semana conseguimos manter isso sob controle pelas primeiras cinco noites, mas em nosso primeiro sábado juntas perdemos o controle, falando e rindo noite adentro. Era quase 1h30 da manhã quando uma das professoras finalmente veio ver a gente pela terceira vez.

Selina estava na metade da sua história de como os seus pais haviam pego o seu irmão mais velho transando com meninas na casa deles à noite, quando nossa professora de matemática, a srta. Adomako, de repente apareceu na soleira da porta.

"Jovens senhoras", disse rispidamente, "venham comigo."

Ainda de camisola, saímos conforme ordenado. Os pedregulhos batiam em nossos pés descalços e as estrelas brilhavam acima de nós indiferentemente. Nós a seguimos até a casa dos professores, subindo escadas o tempo todo até o topo. Lá, fomos postas frente a frente com a sra. Duah, a professora-chefe, que andava para a frente e para trás diante de nós, nos sabatinando sobre a necessidade de obedecer às regras da escola. A srta. Adomako entregou a ela uma pequena vasilha que continha uma grande bola pastosa; a pasta era de cor marrom-avermelhada, com fibras compridas e brilhantes de cor marrom. A sra. Duah tirou um pedacinho da bola, rolou-a entre os dedos e, colocando-a numa colher de chá, deu-a a Hope Aasiedu, a primeira garota da fila. A sra. Duah fez mais bolas da pasta e deu a cada uma de nós um punhado na colher. Depois, para grande horror meu, nos disse que abríssemos as pernas.

Com o rosto completamente impassível, a sra. Duah mandou Hope pôr a bolinha de pasta na vagina. "Agora, cruze as pernas, Hope."

Na hora eu não sabia ao certo o que tinha naquela bola de pasta, mas a julgar pela maneira como Hope pulava e gritava, eu suspeitava que alguma coisa a estava queimando terrivelmente.

Então a sra. Duah falou para Angelina Sackey, a segunda menina da fila, fazer o mesmo. Depois de enfiar, a pobre garota desatou a se comportar do mesmo modo que Hope, pulando para cima e para baixo com as pernas cruzadas, chorando de dor.

Suponho que a idéia era que uma vez castigada com pimenta, você nunca mais, nunca mais se comportaria mal de novo. Mas eu era a quarta da fila e via o que estava acontecendo com as três primeiras, e então pensei *sapatão desgraçada*. Então, quando chegou a minha vez, eu pus a mão um pouco mais para cima e pus a bola pastosa no umbigo. Agindo como se fosse tímida, consegui cobrir o gesto com a outra mão, de modo que a Srta. Duah, que estava me vigiando, não percebeu que eu estava trapaceando. Então cruzei as pernas e comecei a pular. Eu era a maior rainha do drama que já se tinha visto. Saltei, fiz caretas e grunhi, igual ao que as outras estavam fazendo, tomando cuidado para manter a mão em cima do umbigo para que a bola de pasta não caísse.

É claro que, depois de uma hora de punição, meu umbigo estava em agonia absoluta, mas nada comparável ao que as outras garotas estavam sofrendo. No dia seguinte, uma das estudantes mais antigas me contou exatamente o que havia na pasta: uma mistura de pimenta malagueta ralada, um pouquinho de raiz de gengibre, algumas sementes de pimenta — e água apenas para formar uma pasta grossa.

Bem, sem pestanejar, escrevi uma carta para minha mãe sobre aquela punição atroz e, como eu esperava, ela foi à escola num átimo. Implorei para que me deixasse voltar para casa — aquela última experiência tinha mudado minha opinião sobre o meu paradisíaco internato — mas ela tinha uma idéia melhor. Pediu que meu tio Corney, que era da Justiça de Mills-Odoi, um conselheiro legal do governo, escrevesse uma carta à diretora da escola deplorando firmemente a prática bárbara de usar pimenta para disciplinar meninas; disse que moveria uma ação legal, fecharia a escola, e todos os outros tipos de coisas, se a Mmofraturo não parasse imediatamente e desistisse daquela atividade.

Fico feliz em dizer que essa forma de punição foi apressadamente abandonada e que a minha cumplicidade com as "crianças do jardim" continuou por muito tempo sem traumas posteriores.

Quando ia para casa na época do internato, sempre ficava feliz por comer na casa de minha titia Sophie. Um dos seus pratos favoritos, galinha ao molho, purê de inhame, e arroz, era uma comida de fácil preparo, caseira, ideal para animar qualquer aluna interna cujo estoque de carne em conserva está acabando.

✖✖ GALINHA TEMPERADA ✖✖

4 a 6 porções

12 asas de galinha

1 dente de alho amassado

2 colheres-sopa de cominho ralado

½ xícara de óleo de milho

½ xícara-chá de água

1 colher-sopa de páprica

4 colheres-sopa de sal de alho

Suco de 1 limão

1 colher-sopa de tomilho picado

1 colher-sopa de salsa picada

1 colher-sopa de manjericão picado

Preparo

Limpe e corte as asas em duas metades, após remover as pontas; misture os temperos e despeje por cima mexendo bem para que todos os pedaços fiquem cobertos.

Deixe marinar por uma noite.

No dia seguinte, coloque numa assadeira, cubra com papel-alumínio e asse por 20 minutos em forno quente.

Retire o excesso de tempero e retorne com a assadeira ao forno para dourar.

Sirva quente com arroz, molho e croquetes de inhames (ver receita, página 108).

✕✕ MOLHO ✕✕

4 tomates, maduros sem pele e cortados em
  cubos
2 colheres-sopa de extrato de tomate
2 cebolas médias picadas
2 pimentas-malaguetas grandes picadas
Sal e pimenta-do-reino a gosto
1 xícara-chá de água
½ xícara de óleo de milho

Preparo

Numa panela, aqueça o óleo de milho, fritando as cebolas, os tomates e as pimentas.

Misture o extrato de tomate com água, e coloque na panela.

Tempere com sal e pimenta-do-reino, deixando ferver até ficar um molho bem apurado.

CROQUETES DE PURÊ DE INHAME

2 xícaras-chá de purê de inhame

1 xícara-chá de miolo de pão fresco

¼ de xícara de manteiga derretida

2 colheres-chá de pimenta-do-reino branca

1 colher-sopa de pimenta-malagueta e pimenta-verde em cubinhos

3 ovos grandes

1 xícara de amido de milho

2 xícaras-chá de óleo de milho

Folhas de alface

Sal a gosto

Preparo

Numa panela, coloque o purê de inhame, o miolo de pão, as pimentas, a manteiga derretida, 1 ovo e uma pitada de sal.

Misture bem e molde os croquetes.

Bata os 2 ovos restantes numa tigela pequena.

Em outra tigela, coloque o amido de milho, e passe primeiro os croquetes nos ovos e depois no amido, fritando em óleo quente até dourar.

Tire do óleo e coloque em papel-toalha, montando o prato sobre as folhas de alface, com galinha, arroz e molho.

Obs.: O purê de inhame pode ser substituído pelo de batata-doce ou meio a meio: 1 xícara de cada um.

O Fogo Que Derreteu a Manteiga Deve Ter Cozido os Ovos

Muito embora Mmofraturo ficasse a apenas uns dez quilômetros do trabalho de minha mãe, a política da escola desencorajava as visitas ao lar fora dos feriados estabelecidos. Por isso, tais visitas ao lar pareciam especialmente preciosas — embora não pudesse chamá-las exatamente de férias, quando comparadas ao modo como minhas colegas de escola passavam os seus feriados. As minhas eram cheias de mães dando à luz atrás, na frente e no meio — na soleira da porta, em táxis, do lado de fora do mercado — partos normais, partos difíceis, partos em nossa casa e, só de vez em quando, nos leitos da maternidade onde *deviam* ocorrer. Minha mãe e titia Thelma tinham causado sensação entre as competentes parteiras profissionais, com a introdução de consultas pré-natal, e era notório nas cercanias do vilarejo que o lugar certo para se ter filhos era na clínica da Thelma. Assim, as mães grávidas e os bebês pareciam se materializar em qualquer parte, e nunca numa hora conveniente.

As coisas não estavam bem assentadas politicamente, e era muito provável que o mesmo estivesse acontecendo no internato, porque muitas garotas da minha idade tinham-se envolvido com um movimento militante de jovens chamado jovens pioneiros. Essa formidável organização recrutava seus membros entre pessoas de cinco a 25 anos. As ramificações locais estavam em contato com o escritório nacional central, diretamente ligado ao Partido da Convenção Popular, um dos partidos que queriam controlar Gana. Havia encontros semanais regulares em todos os distritos, e esperava-se que os membros atuassem sob os "olhos" do partido. Os jovens pioneiros eram doutrinados com *slogans* nacionalistas e canções apelativas. Vestiam lindos uniformes e marchavam organizadamente nas ocasiões políticas e nos feriados públicos.

Naqueles dias de prisões políticas quase indiscriminadas, não era raro que a condenação se baseasse no testemunho de um jovem pioneiro, que poderia ser o próprio filho ou filha. Como vimos em tantas situações parecidas, aquelas impetuosas crianças eram facilmente doutrinadas, e consideravam dever cívico relatar aos seus líderes quaisquer comentários de certa maneira críticos ou derrogatórios sobre "o partido." Digo "impetuosas" porque aquelas crianças eram instigadas pelos líderes, e geralmente a conseqüência não era imediata até que a força chegasse para pegar mamãe ou papai e levá-los a um destino desconhecido. Tarde demais, percebiam que não havia jeito de saber quando mamãe ou papai voltariam, se é que voltariam, e que agora só tinham os outros parentes para ajudá-los nas lições de casa ou comprar comida e protegê-los.

Algumas colegas minhas pertenciam aos jovens pioneiros e eu também queria pertencer, mas como freqüentava a Mmofraturo, eu ficava meses lá, e além do mais eu não era um perfil adequado. É claro que eu não fazia idéia das conseqüências de ser um jovem pioneiro; eu simplesmente adorava o som de suas rítmicas declamações e canções. Mas, mais do que tudo, tinha inveja daqueles uniformes azuis acinzentados, com os seus lencinhos de pescoço vermelhos. Era louca para trocar o meu uniforme pastel do internato por um daqueles — até que fui rudemente alertada da verdadeira natureza daquele amor político secreto.

O incidente em questão se deu numa das minhas raras férias quando, é claro, eu estava ajudando na clínica. Não era incomum que as mulheres em trabalho de parto batessem, para grande espanto nosso, nas portas de madeira da frente no meio da noite, procurando ajuda de emergência para dar à luz. E realmente minha mãe raramente podia se ausentar — eu e as minhas três irmãs nascemos e crescemos lá. Tia Thelma e mamãe nunca pareceram ligar muito para as turbulências políticas do lado de fora das suas portas — não tinham tempo. As mulheres ganenses parecem gostar de ter bebês, e cada uma me dava a impressão de que teria os seus na clínica. Era uma loucura tão grande, que aquelas duas parteiras estiveram a ponto de ter de contratar babás para cuidar dos seus próprios filhos!

Tudo isso é para dizer que não ficamos nem um pouco surpresas numa noite em que ouvimos baterem na porta da frente da nossa casa às 2 horas da manhã, e o maior tumulto do lado de fora. Aquele tipo de coisa era muito comum, mas, mesmo assim, de alguma maneira aquelas pancadas eram inusitadamente urgentes. Podia ser um marido impaciente, atemorizado?

Tínhamos uns sete bebês nos berços ao lado das camas de suas mães, inclusive um casal de gêmeos, e eu estava dedicando as minhas férias escolares a ajudar do jeito que podia. E, ainda, mamãe não havia tido tempo para dormir ou comer nas 24 horas anteriores. Havia ficado com a mãe dos gêmeos durante todo o seu trabalho de parto, dando de beber a ela, lavando suas partes de baixo, enxugando a sua testa, examinando-a e tranqüilizando-a o tempo todo.

De fato, mamãe havia acabado de subir na grande cama de madeira que ela dividia com as minhas irmãs mais novas, que tinham um e três anos, quando começaram a bater na porta. Mamãe sussurrou para mim, e eu sentei-me na minha cama de solteiro, que ficava num cantinho fora do quarto da mamãe.

Mamãe falou o mais alto e o mais claramente que podia sem acordar as pacientes: "Espere, já vai."

Pude ouvi-la arrastando devagar os pés para fora da cama e resmungar como sempre fazia, depois puxando o robe de onde ela o havia pendurado, em cima das divisórias que separavam o meu pequeno cubículo do quarto dela. Mas antes que pudesse vesti-lo, a porta da frente arremessou literalmente as suas dobradiças com uma explosão arrasadora. Era muito cedo, até mesmo para um pai nervoso!

Então, três homens altos, mascarados, invadiram o nosso quarto. Só se viam os seus olhos. Por um instante, pensei que eu devia estar dormindo ainda, porque aquilo era muito parecido com os filmes de faroeste que eu costumava ver no cinema. Claramente, esses eram os maus meninos, e a qualquer instante Roy Rogers ou Doris Day iam aparecer para me salvar. Mas não eram caubóis solitários. Estavam de calções cáqui, camisas de algodão estampadas de cor púrpura e verde espalhafatosas, bonés de beisebol e óculos escuros. Sim, óculos escuros às 2 da manhã, e cheiravam a suor acumulado e a algo mais que não consegui reconhecer. Um quadro assustador em quaisquer circunstâncias, mas especialmente naquelas. Saí da cama num átimo e depositei a minha valiosa vida nos braços de minha mãe.

O homem maior falou primeiro. Queria saber onde estava o meu pai. Embora eu fosse muito nova para entender na época, tenho certeza de que estava tentando verificar a fidelidade políticas de papai, e possivelmente cravejando mamãe de perguntas sobre onde ficavam as saídas de emergência. Mas meus pais levavam vidas separadas a maior parte do tempo, e mamãe provavelmente não poderia responder mesmo que quisesse. E é claro que não respondeu.

E, de fato, mamãe disse que não sabia. O chefe repetiu a pergunta várias vezes, e ela respondeu todas as vezes do mesmo jeito. Finalmente, frustrado com aquela mulher nem um pouco cooperadora, bateu em mamãe fortemente com algo (eu não consegui captar exatamente com o que) que estava segurando. Ela perdeu o equilíbrio e caiu na cama.

O homem examinou o quarto e pela primeira vez me viu. Ele se curvou e me puxou para a frente. O seu rosto era enorme e parecia que eu estava olhando para os olhos de um boneco gigante, com a exceção de que aquele cheirava mal e batia nas pessoas. Eu o odiei na hora.

A voz que vinha por detrás da sua máscara chegou até mim: "Onde está seu pai?"

Eu estava amedrontada. Podia ouvir meu coração bater no peito, e consegui grunhir: "Mamãe já disse, ele não está aqui."

"Onde está ele?", urrou, sacudindo-me com as suas mãos fortes e cheia de calos.

Eu falei aquilo que julgava ser uma verdadeira resposta em voz alta, "Não sei".

O homem levantou o que estava segurando na outra mão e eu pensei que ele ia me bater também, como fez com mamãe. Esquivei-me instintivamente, mas ele me puxou pela camisola e devagar apontou para o meu rosto o que eu percebi ser uma arma. Enquanto minhas pernas batiam desesperadamente no ar eu desejei ser adulta; eu era pequena para aquilo tudo.

O homem me pegou como se eu fosse uma boneca de pano e, sem tirar os olhos de mim, falou para mamãe. "Visto que você não consegue lembrar onde está o seu marido, talvez consiga lembrar onde está escondendo os gêmeos do sr. Sarpong. Ouvimos a esposa entrar para parir seus pequenos mestiços. Você os entrega para mim, que eu poupo a sua menininha". E com isso, ele apontou o revólver direto nos meus olhos.

A única coisa que eu conseguia pensar era que os dois canos de metal pareciam as narinas de um homem. Tudo o que eu podia fazer era observar aquela coisa, mas eu era muito louca, e percebi que corria perigo de vida. Lancei um olhar pedindo socorro à minha mãe e percebi pela primeira vez que ela tinha sangue por todo o rosto. Comecei a tremer e parecia que eu tinha feito xixi na calça. Ninguém falou por alguns segundos enquanto eu olhava fixamente para aquelas narinas pretas.

Devagar, o homem me soltou e apontou a arma para a cabeça de mamãe. Nessa altura ele já estava impaciente e selvagem, com os olhos cintilando enquanto urrava: "Fala, mulher!"

Eu achava que ele ia matar mamãe. Corri para me agarrar a ela, totalmente em pânico. Conforme eu ia me curvando, tremendo descontroladamente, com os braços à sua volta, senti a urina escorrendo pelas pernas. Ajeitei cabeça para ver se alguém estava olhando. E quando fiz isso, fiquei frente a frente com o maior par de bolas que eu jamais tinha visto, claramente grudadas no homem magro de calção cáqui.

Imaginei que eles iam nos matar, não tínhamos nada a perder, e num lampejo eu me inclinei para a frente, escancarei a boca, e mordi aquelas bolas o mais forte que pude. O cabo de madeira da arma afundou na minha cabeça e eu caí no chão, com o sangue escorrendo sem parar do couro cabeludo.

Como o homem se contorcia de dor, balançando a cabeça violentamente de um lado para o outro, a sua máscara escorregou.

Em meio à minha dor, ouvi a voz de minha mãe, agora forte e assustadora: "Osei Sibeh, dei vida a seu bebê prematuro e agora você me agradece matando minha filha e eu! Fiquei sentada por horas na cama do seu filho, sem dormir, caso ele parasse de respirar. Coletei leite de outras mães que estavam amamentando para alimentá-lo com um conta-gotas. E agora isso?"

Fez-se um terrível silêncio no qual eu só esperava ouvir o tiroteio começar. Em vez disso, aconteceu um milagre. Devagar, devagar, o homem que eu tinha mordido puxou a máscara que estava em volta do pescoço. Lá estava um rapaz negro, barbado, com narinas iguais aos canos do revólver. Caiu no chão, aos pés de mamãe, e começou a chorar e a pedir desculpas, "Você está salva mamãe... os seus bebês... os gêmeos estão salvos mamãe... ficarão seguros, mamãe..."

Minha mãe não se mexeu. Não me mexi. Os outros dois homens não se mexeram. Ficamos lá com o tempo e o pensamento congelados. Depois do que pareceu ser um período interminável, Osei Sibeh falou de novo. Levantou-se e mandou seus próprios homens saírem da nossa casa, ameaçando matá-los se ousassem nos incomodar de novo.

Daquele dia em diante, tivemos proteção; espalhou-se que a Materninidade da Thelma era propriedade sagrada. E foi assim que nunca mais ouvi as batidas de facão do lado de fora da janela do nosso quarto, visto que a maternidade era tida como porto seguro para os que procuravam segurança; tampouco ouvi os gritos de ajuda, antes das batidas dos imbecis à cata de uma pobre alma na noite, e tudo voltou ao normal Foi por isso que minha mãe nunca mais precisou mandar lavar o sangue do lado de fora das nossas janelas pelas manhãs.

Adulta, olho para trás e vejo o misto de alegria e horror que foi a minha infância em Gana, e fico maravilhada por nunca ter ficado esquizofrênica, ou coisa pior. Acho que a antiga expressão culinária tem um pouco de verdade aqui — o mesmo fogo que derrete a manteiga também coze os ovos.

※※※※※※

Também em muitas histórias tradicionais há um tormento mortal, mas geralmente ele é resolvido com sabedoria, e não com força, como nesta história sobre o engenhoso sr. Ananse.

A FANTÁSTICA COMPETIÇÃO DA MENTIRA

Um dia, a mosca, a formiga e o mosquito foram caçar juntos. Chegaram perto do sr. Ananse, o homem-aranha, na floresta, e decidiram pegá-lo. Mas Ananse era mais forte do que parecia e, depois de um combate acirrado, eles tiveram de parar para descansar.

"Por que vocês estão tentando me matar?", perguntou-lhes Ananse.

"Porque estamos com fome", replicaram. "Afinal de contas, todo mundo precisa comer."

"Sendo assim, eu também preciso comer", disse ele. "Por que eu não deveria comê-los?"

"Você não é forte o bastante para esmagar a gente", responderam, numa só voz.

"Ah, mas vocês três tampouco são fortes o bastante para me esmagar", argumentou. "Então, vamos fazer uma barganha. Cada um de nós vai contar aos outros a história mais extraordinariamente fantástica. Se eu disser que não acredito em nenhuma das suas três histórias, vocês podem me comer. E se vocês não acreditarem na minha história, eu como vocês."

Aquilo parecia bastante justo. A formiga foi a primeira. "Antes de eu nascer", disse a formiga, "meu pai herdou um novo pedaço de terra. Mas no primeiro em que ele foi limpá-lo, cortou o pé com uma faca de cortar mato e não pôde cultivá-lo. Então eu pulei do útero de minha mãe, limpei a terra, cultivei o solo, plantei, fiz a colheita e vendi no mercado. Quando nasci alguns dias depois, meu pai já era um homem rico."

Os três amigos olharam para Ananse ansiosos, esperando que ele dissesse que era mentira, para que eles pudessem comê-lo. Mas em vez disso, ele disse: "Ah, que interessante. A história tem, claramente, algo de verdadeiro".

Então o mosquito contou a sua história. "Um dia, quando eu tinha apenas quatro anos", começou ele, "estava sentado na floresta, calmamente mordendo um elefante que eu tinha matado, quando um leopardo me cercou. Abriu as mandíbulas para me engolir, mas eu simplesmente enfiei a mão na garganta dele, agarrei a parte de dentro do seu rabo, e dei um bom puxão para virá-lo do avesso. Mas, parecia que o leopardo tinha acabado de comer uma ovelha, porque de repente a ovelha estava do lado de fora e o leopardo dentro *dela*. A ovelha me agradeceu calorosamente, e foi pastar em outra parte."

De novo os parceiros caçadores esperaram que Ananse dissesse que a história era mentira, porque eles estavam ansiosíssimos para se refestelar, mas em vez disso ele disse: "Que história fascinante. Como eu gosto de ouvir coisas fantásticas!"

Então chegou a vez da mosca. "Um dia desses," disse ela, "eu ataquei um antílope. Mirei minha arma nele e atirei, depois, corri e o agarrei, derrubei-o no chão, tirei a pele, e preparei a refeição. Logo depois a bala da minha arma caiu, então eu a peguei e pus de volta no meu bolso. Levei o antílope para cima da árvore mais alta, acendi o fogo, cozinhei o antílope todo e o comi todinho. Mas quando chegou a hora de descer, eu tinha comido tanto que o meu estômago estava muito cheio, e eu, pesada demais para descer. Então voltei para o vilarejo e peguei uma corda, que levei para a árvore em que eu estava. Em seguida amarrei a corda em volta da cintura e cuidadosamente deslizei para o chão."

Os três esperaram pacientemente que Ananse dissesse "Você está mentindo", mas, em vez disso, ele gritou, "Ah, que história milagrosamente verdadeira!"

Finalmente, era a vez de Ananse contar uma história. "No ano passado", disse ele, "plantei um coqueiro. Um mês depois, ele havia crescido muito, e estava cheio de frutos. Eu estava com tanta fome que engoli três cocos maduros. Quando abri o primeiro, voou uma mosca. Abri o segundo, e saiu uma formiga. E quando abri o terceiro, voou um mosquito. Agora, visto que fui eu que plantei o coqueiro, a formiga, a mosca e o mosquito me pertencem. Mas quando eu tentei comê-los, eles escaparam. Eu os tenho procurado desde então para poder comê-los, com justiça — e agora, finalmente encontrei vocês."

Os três caçadores ficaram mudos. Se dissessem, como Ananse tinha feito com as histórias deles, "Que verdadeiro, que verdadeiro," então ele teria o direito de reclamá-los como propriedade sua, e iria comê-los. Mas se eles dissessem que ele tinha mentido, então, pelas regras da competição, ele também poderia comê-los. Não conseguiam imaginar o que dizer, então puseram o rabo entre as pernas e saíram correndo o mais rápido que podiam.

E, desde então, Ananse tem comido todos os mosquitos, e todas as moscas e formigas que pega, porque ele levou a melhor na competição da mentira.

O Caminho para o Rio

"Dê um peixe a um homem e ele o comerá de uma vez, mostre-lhe o caminho do rio e você o terá alimentado por toda a vida."

— EMMA AFRACHOE OKINE (MINHA AVÓ)

Depois de minha prisão em Mmofraturo, fui aceita em outro internato de prestígio, a Wesley Girls High School — uma escola particular de ensino secundário, só para moças, mais parecida com os atuais colégios metodistas para mulheres que fervilham por toda a parte. Fundado em setembro de 1836 por Harriet Wrigley, esposa de um missionário metodista, o objetivo da escola era "dar educação básica às moças, com ênfase na ciência doméstica, visando preparar as mulheres jovens para o casamento no cerne da elite". Mas, depois de ter passado pelas mãos de um série de mulheres pioneiras, fortes e capazes, a presente escola recebeu o que merecia em 1884. Só Deus sabe que a sra. Harriet Wrigley se viraria no caixão se soubesse que a Wesley Girls tem produzido algumas das mais poderosas e independentes mulheres profissionais do país, incluindo, para citar algumas, a primeira mulher piloto, a diretora-geral assistente da Organização Internacional do Trabalho na ONU, a primeira mulher a ter um programa de rádio em Gana, e assim sucessivamente.

A escola hoje em dia se orgulha de dar às suas alunas uma educação completa; com perfeição acadêmica, disciplina, respeito pessoal, preparo e decoro no topo da lista, e uma saudável dose de religião de bom tamanho. Na época em que estive lá a maioria das alunas eram africanas negras, embora provenientes de um amplo meio cultural: havia moças cujos pais eram mulheres e homens de negócios ricos — ou simplesmente ricos, como as filhas de figuras públicas, executivos e políticos. E finalmente havia as meninas dos vilarejos pobres que apenas apareciam para brilhar o suficiente para garantir uma das mais cobiçadas bolsas de estudo integrais ganhas todo ano por excelência acadêmica.

Quando cheguei à Wey Gey Hey, como era afetadamente chamada, eu ainda tinha muitos fantasmas que precisavam descansar. Uma das fontes de distração era a minha aparência — eu tinha decidido por volta dos doze anos que se a beleza fosse um bem, então eu podia com certeza ser classificada como pobre, muito pobre. Isso era confirmado por vários parentes, vizinhos e amigos. Quando vinham visitar minha mãe, costumavam apontar para uma moleca, a minha irmã mais nova de pele linda, Susan, e dizer, "Que menina bonita, ela é igualzinha às bonecas européias." Então olhavam para a outra irmã mais nova, Lynda, que era muito mais escura, e continuavam, "Oh, é uma beleza negra, igualzinha às nossas próprias bonecas. Uma verdadeira azeitona preta." Por fim, focalizavam o meu irmão Sam, o mais novo de todos, e comentavam, "Vocês estão vendo como ele é másculo e forte? Um dia vai ser um belo pedaço de carne!"

Quando já estavam quase fora de casa, minha mãe exclamava, "Mas e Dorinda, vocês não a viram?" Mais em resposta à exasperação em sua voz do que a qualquer outra coisa, os criminosos respondiam com um olhar mais do que hesitante:

"OOOh, ela é uma figura!"

E então se apressavam em ir embora antes que alguém os parasse para que eles se explicassem. Eu me acostumei com isso.

Foi uma das razões pelas quais fiquei tão exultante quando ganhei uma bolsa de estudos integral para a Wesley Girls High School. Aquilo, prometi a mim mesma, seria o despertar de Caridade Dorinda. Ia deixar a minha marca de um jeito ou de outro. E, de várias maneiras, isso realmente aconteceu — tanto física (nem tanto) e, mais importante, mentalmente, deixei de ser criança na Wey Gey Hey.

*Lynda, Dorinda e Susan, com Sam na frente,
depois da missa dominical em Kumasi*

Baseada no princípio de que os mais favorecidos devem compensar a comunidade, a Wesley Girls High School instaurou um programa em que as moças mais velhas tinham permissão para trabalhar no campo no vilarejo vizinho de Kakumdo. Nos domingos pela manhã, um grupo seleto de seis ou oito garotas era mandado para o minúsculo vilarejo, cerca de uns 15km distante da escola. Metade do grupo ministrava os primeiros socorros, como parte do nosso treinamento para a Cruz Vermelha. A outra metade, conhecida como o Grupo da Pregação, executava as funções da igreja; lia parábolas da Bíblia e recitava canções e hinos cristãos para grupos de adultos e de crianças.

O Grupo de Primeiros Socorros e o da Pregação trocavam de papéis em semanas alternadas. Eu gostava particularmente de estar no Grupo dos Primeiros Socorros, visto que o considerava um pré-requisito para a minha pretendida carreira em enfermagem. Para me qualificar para o grupo, tive primeiro de fazer o exame da Cruz Vermelha e possuir um certificado e um distintivo legítimos da Cruz Vermelha, que eu usava com orgulho. Nossos serviços no vilarejo iam desde desinfetar ferimentos com Dettol, iodo ou com outros anti-sépticos, pôr *band-aids*, gesso, emplastro ou gaze, até extrair espinhos superficiais e corpos estranhos dos pés e das mãos.

Lembro-me de que nos sentíamos honradas e responsáveis em nossos papéis de trabalhadoras, e ao mesmo tempo desdenhosas e arrogantes, porque nós, as moças da Wesley, éramos instruídas.

Num domingo aparentemente comum fui acometida por um presságio de que eu simplesmente não conseguia me livrar. Levantei inusitadamente cedo naquele dia, tomei banho e me vesti antes mesmo de as outras acordarem. Por uma razão estranha, senti que tinha de estar preparada caso algo acontecesse; mas o quê? Contei a minhas colegas quando fomos para Kakumdo naquela manhã e elas caçoaram de mim, dizendo: "Profeta Caridade está prestes a ver o futuro." Todas riram à minha custa, e eu tentei não pensar mais naquilo.

Quando chegamos ao vilarejo, armamos o nosso pequeno ambulatório como de costume, numa mesa de madeira à sombra de uma árvore perto da praça central. O Grupo da Pregação havia disposto algumas crianças num semicírculo e estava começando o sermão. Alguns adultos estavam deitados na praça central, relaxando em esteiras espalhadas debaixo de várias árvores. Muitos grupos pequenos de idosos estavam sentados e tagarelando à sombra. Todos estavam com preguiça, exceto a grande cabra amarrada numa árvore central no meio da praça do vilarejo e algumas galinhas correndo de um lado para o outro. A cabra estava ocupada em mastigar os novos brotos pequeninos da pobre árvore que tentava crescer. Muito embora fosse cedo, o dia apresentava todas as características de um calor tropical; no alto, o céu era um traço claro e extraordinariamente azul.

Eu recém começara a cuidar do meu segundo ferimento com um pedaço de algodão quando ouvimos um intenso estrondo vindo do céu. As pessoas levantaram a cabeça e olharam à sua volta, tentando saber de onde vinha o barulho. O estrondo ficou mais forte e mais perto até ficar completamente ensurdecedor.

De repente o vilarejo ficou todo agitado, um verdadeiro pandemônio, com os mais velhos tentando proteger as criancinhas nas cabanas, acenando para que os seguíssemos a fim de nos proteger nas suas casas, feitas visando as variações do tempo. Pessoas nuas, com o corpo e a cabeça meio ensaboados corriam apressadamente e às cegas dos banheiros, com água e sabão escorrendo no rosto e na costas. Iam recolhendo seus filhos grandes e pequenos pelo caminho. As pessoas gritavam instruções para que corrêssemos até os abrigos; algumas agarravam esteiras e bancos, enquanto outras ajudavam os velhos e os doentes. As crianças que perturbavam recebiam tapas nas orelhas e eram arrastadas, protestando, para local seguro.

Embora tivéssemos apenas dezesseis anos, a nossa condição reconhecida fazia com que nos sentíssemos responsáveis pelos habitantes do vilarejo, e nós nos recusamos a abandonar a praça da cidade até estarmos convencidas de que não se havia deixado nenhuma criança para trás. O barulho ficava cada vez mais forte e perto, até que finalmente conseguimos saber exatamente de onde estava vindo: olhamos e vimos dois aeroplanos pequenos em cima de nós, voando perigosamente baixo. Rimos nervosamente de nossa própria estupidez por não termos sido capazes de identificar o som dos aviões. Dessa vez, cabia a nós acenar para os habitantes do vilarejo; explicamos que eles já podiam sair e que devíamos ter sabido como não apavorá-los com o som dos aviões sobre as nossas cabeças. Mas o pior ainda estava por vir.

Os moradores se recusavam a sair dos seus esconderijos, e apontavam para o céu. Centenas de mini pára-quedas, cada qual carregando algo branco e quadrado, caíam sobre nós. Corremos, para salvar a nossa valiosa vida, ao abrigo mais próximo e ficamos vendo o que acontecia, dentro de lugares relativamente seguros. Estávamos convencidos de que eram bombas, mas a pergunta era, quem ia querer bombardear o pacífico e pequenino Kakumdo?

Não tivemos de esperar muito pela resposta. Os minúsculos pára-quedas choviam pelo vilarejo, cobrindo a praça, os abrigos, as árvores, a cabra, tudo num espaço de dez minutos. Em seguida, o barulho sumiu e tudo ficou quieto de novo. Os moradores correram para pegar os pacotes que estavam nos pára-quedas. Ficávamos mais comedidos conforme íamos cuidadosamente saindo para a luz do dia de novo. Alguns pacotes se rasgaram, espalhando, sobre todas as coisas, leite em pó. Era um júbilo e um riso só quando os grupos de moradores pegavam uma mala de leite em qualquer lugar do vilarejo.

No meio dessa cacofonia, ouviu-se um grito lancinante que vinha da praça. Corremos para ver quem estava ferido, mas em vez disso achamos um homem muito velho, um dos idosos que tinham caído na risada, apertando a cabra ainda amarrada, porém realmente morta. O pobre velho tinha passado a vida cuidando do animal, sabendo que era o melhor investimento que podia fazer — que a cabra abastecia a sua família de leite, esterco e de pequenos bodes que podiam ser comidos ou vendidos para um dinheiro extra. Agora uns pacotes de leite artificial caindo do céu tinham matado a sua fonte de leite natural. O que fez a coisa ficar totalmente trágica foi o fato de que a cabra estava prenha.

O velho estava inconsolável. Lamentando-se pateticamente, ele chutou os pacotes de leite que estavam no chão perto dele e apertou a sua cabra morta nos braços. Os habitantes se achegaram e ficaram olhando desconsoladamente.

Esse acontecimento deixou uma forte impressão em mim. Por que o pessoal que estava nos aviões não havia falado com os habitantes antes de jogar o leite? E se eles não quisessem ou não gostassem de leite? Em que proporções teriam eles de misturar e preparar o pó com água para obter a correta concentração de leite? As inscrições nos pacotes estavam numa língua estrangeira, então por que não havia ninguém para traduzir? Nós nos sentíamos desesperançosamente inadequados.

Esse incidente isolado foi, acho, o começo da minha conscientização política.

É claro que tive algumas experiências de crescimento universais, embora também tivessem certa marca ganense na maneira como se deram. Vejamos os acontecimentos de um determinado dia na aula de costura.

Era um dos raros dias pouco ensolarados de Gana, e nós preferiríamos muito mais estar do lado de fora, no gramado da escola, aproveitando as aulas de literatura inglesa. Aquelas aulas eram brincadeiras para nós, porque líamos histórias e vidas de pessoas brancas, contos que — diferentemente dos nossos contos populares — pareciam muito abstratos e distantes da experiência cotidiana. Estudar *Sonho de uma noite de verão*, *O discípulo do diabo* e *Lysistrata* era como brincar de se fantasiar.

Mas a nossa professora de literatura havia ficado doente na semana anterior, então em vez de ficarmos fora, lá estávamos nós, de má vontade, sentadas nas quentes salas subterrâneas tendo aula de costura. A professora, a srta. Quarcoo, era uma das poucas professoras negras da Wesley Girls, e nós ficávamos divididas entre sermos aplicadas e a vontade de estarmos longe dali.

Eu estava particularmente frustrada porque já sabia a maior parte das matérias de economia doméstica, em especial bordar e cozinhar. Contudo, aquele dia prometia ser um pouco diferente, porque íamos aprender a usar a máquina de costura. Toda mulher ganense tem de ter uma máquina de costura e saber como usá-la; e como isso é (ou pelo menos tem sido) parte vital dos dotes de uma mulher, logo era uma aula importante.

Eu achava uma ironia — supunha-se que a Wesley Girls High School tivesse alcançado prestígio a partir de suas origens especiais, — e lá estávamos nós, ainda aprendendo a bordar, de saco cheio. Estremeci.

Durante a semana toda eu vinha sentindo uma dor maçante no abdome. Praticamente a ignorei, além do que só pensava que no fim de semana eu ia me refestelar com quiabo ensopado com gari (farinha de mandioca), feijões e pimentas. Isso sempre funcionava quando eu tinha indigestão. Depois do que eu ia ao ambulatório tomar alguns laxantes.

Minha cabeça estava só metade na aula. Ficava me perguntando quanto ia demorar para eu ir ao banheiro. Meu assento parecia desconfortável, e eu estava me convencendo de que tinha me molhado.

De vez em quando, eu tomava coragem de perguntar à srta. Quarcoo se eu podia sair. Infelizmente, havia uma fila de meninas à sua mesa, esperando a sua vez de cortar um pedaço de pano e praticar. Estava terrivelmente inibida, e a fila andava muito devagar. Finalmente, gritei no fim da fila, tentando passar o mais despercebida possível.

"Uh, desculpe, srta. Quarcoo, posso me ausentar da sala por um momento?"

"Claro, Caridade. Mas primeiro pegue o seu pedaço de pano e pratique um pouco na máquina. Você pode sair em cinco minutos."

Eu não podia esperar cinco minutos. Sem pensar duas vezes, corri da sala, e nem mesmo os protestos da srta. Quarcoo foram fortes o bastante para me deter. Cheguei ao banheiro, mas as minhas preocupações estavam apenas começando. Ninguém me havia preparado para aquilo. Eu tinha apenas treze anos e estava prestes a morrer no banheiro de um internato!

Era uma conclusão lógica da minha parte — a única vez que minha mãe chamou uma ambulância à maternidade foi quando uma de suas pacientes estava sangrando. Mas como eu ia pedir que alguém chamasse uma ambulância de lá? Não havia alarmes, nem telefones no banheiro. Não entre em pânico, eu ficava me dizendo, você precisa perder muito sangue antes que passe dessa para melhor.

Peguei várias folhas do papel higiênico grosso e fiz uma espécie de absorvente para mim; um esforço em vão. O horrível papel translúcido não absorvia nem água, quanto mais outra coisa qualquer, mas eu não tinha alternativa. Apressei-me em lavar a parte de trás do meu uniforme, que estava manchada, e saí pingando.

Quando voltei para a sala de aula, não entrei. Não conseguia. Em vez disso, abri parcialmente a porta e fiz um sinal para que Martha Badu pedisse permissão para que a srta. Quarcoo viesse até a porta — era uma emergência. Quando a srta. Quarcoo me viu, parecia instintivamente saber. Deixou uma das outras meninas tomando conta da classe e me levou para o quarto para que eu pusesse roupas secas. A cada passo que dávamos, o horroroso papel higiênico rangia e arranhava ritmicamente — rangia, arranhava, rangia, arranhava. Parei de andar. A srta. Quarcoo deve ter percebido o meu embaraço, porque diminuiu o passo e pediu que eu esperasse no quarto enquanto ela ia ao ambulatório. Alguns minutos depois, ela voltou com várias caixas de absorventes íntimos, e me ensinou como usá-los. Nada extraordinário para uma professora de economia doméstica, penso eu, mas por que não podíamos ter aquelas valiosas aulas em vez de tantas instruções de costura?

O dia seguinte era sábado. A primeira coisa que fiz pela manhã, foi ir à secretaria e telefonar para minha mãe. Ela não parecia nem um pouco preocupada, muito embora eu lhe tivesse falado do sangramento. Em vez disso, ela me tranqüilizou e disse que ia escrever logo e me mandar um pacote grande de absorventes.

Cumprindo a promessa, na semana seguinte, o pacote de mamãe chegou. Quando se está num internato, a simples idéia de um pacote vindo de casa é algo fantástico. Mas aquele pacote! Ela me havia mandado dois pacotes de absorventes íntimos, uma garrafa de comprimidos de ferro, uma garrafa de cápsulas de óleo de fígado de bacalhau, um tubo de multivitamínicos, e uma longa carta que estava cheia de instruções sobre como evitar contato com os rapazes, usando frases do tipo "agora que você cresceu"! Terminou prometendo-me um prato tradicional de etor e ovos nas minhas próximas férias escolares. É um ovo cozido em cima de um monte de purê de inhame colorido de dendê, uma comida cerimonial que celebra os acontecimentos importantes da vida.

Nunca na vida eu podia imaginar o que ela realmente estava tentando dizer com aquela carta. Afinal de contas, eu estava encarcerada com todas as meninas do internato! Se eu nunca tinha muito o que fazer com os garotos quando eu estava livre e nas férias, onde eu ia encontrar os garotos lá?

⁙⁙⁙⁙⁙⁙

Certamente pertencer a uma classe social elevada tinha seus privilégios e havia muitas vantagens em ser um membro da elite culta de Gana, mas isso não me ajudou a encontrar nenhum rapaz. Sempre imaginei como teria sido a minha vida se eu tivesse crescido num tradicional cenário ga.

Lá estava eu, dezesseis anos, secundarista, e minha mãe ainda não permitia que eu fosse a um baile acompanhada de rapazes; eu não podia nem mesmo ir ao encontro anual da Scripture Union, porque haveria rapazes assistindo. Enquanto isso, as meninas da minha idade, que seguiam a tradição ga, estavam se preparando para uma celebração especial que ocorria em datas estabelecidas durante o ano. A celebração é somente para jovens e é chamada de Otofo, palavra do sul de Gana que significa jovem chegando à maioridade.

Durante a Otofo, todas as garotas de dezesseis anos são cerimoniosamente apresentadas à comunidade, especialmente aos bons partidos; é a declaração e a celebração de sua disponibilidade. A vida teria sido muito mais fácil se a Wesley Girls High School tivesse uma cerimônia assim.

Na semana anterior à Otofo, as garotas recebiam instruções para se preparar para ingressar na vida adulta. As titias (as amigas da família) e as mulheres mais velhas da família iam juntas doutriná-las e responder a quaisquer perguntas que elas pudessem ter sobre sexualidade, sensualidade, sobre seu corpo e sobre homens. Em linhas gerais, elas faziam um *workshop* a respeito de como ser uma mulher, dos problemas e das vantagens de ser uma mulher, e das expectativas que elas podiam ter em relação ao casamento.

Logo cedo, na manhã da celebração Otofo, as meninas são banhadas em água com ervas, enquanto as mulheres que as lavam cantam e cantam, exultando as virtudes da feminilidade. O canto continua enquanto as jovens donzelas são lustradas da cabeça aos pés com óleos aromáticos agradáveis.

Usam um avental branco de algodão, amarrado na cintura com um *duku*, ou uma faixa de seda de *duku*. Pulseiras douradas e braceletes feitos de contas num fio de ouro, adornam os braços e pernas das meninas. Ganham brincos dourados especiais e um penteado cerimonial, e seus rostos, braços, peitos, ombros e pés são pintados com giz branco tribal — *ayilor*.

E então começam os tocadores de tambores, tocando ritmos intrincados e cantando músicas agradáveis, enaltecendo a beleza das donzelas da Otofo.

Acompanhadas de familiares da mesma idade, as garotas vão de casa em casa, dançando para os parentes e vizinhos. Comidas exóticas são oferecidas às donzelas durante o dia todo. À tarde, todo mundo se reúne numa das casas, onde as jovens iniciam as danças rituais da Otofo cantam a canção que anuncia estarem prontas para ser conhecidas como mulher. A cantiga é acompanhada pelo tambor ao vivo e por uma dança delicada, coreografada para mostrar a forma feminina núbil. As garotas dançarinas são encorajadas a se orgulhar de seu corpo e da chegada da idade da mulher.

CANÇÃO DA OTOFO

Kè nkèè Otofonyo dzimiee
Se eu digo que sou uma coisa jovem núbil

Hamadalè li
deixe-me agradecer aos deuses

Otofonyo dzimiee, Hamadalè li
Se eu digo que sou uma coisa jovem núbil, deixe-me agradecer aos deuses

Kaatsoo moni kewo no
Se me mostram quem me deu os meus dons

Hamadalè li
deixe-me agradecer aos deuses

Moni kewo no, Hamadalè li
A quem me deu os meus dons, deixe-me agradecer

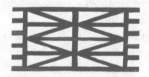

YAW ADU PAGA A CONTA E SAI DA CIDADE

Antigamente, na região leste de Gana, na vila de Aburi, mais exatamente nas montanhas distantes do litoral, vivia um homem chamado Yaw Adu. Era um homem simples que nunca se havia afastado muito de casa, e que passava os dias plantando e caçando. Embora tivesse ouvido viajantes falar sobre a grande cidade de Accra no litoral, e de todas as maravilhas que lá se encontravam, ele nunca havia estado lá — na verdade, nunca tinha ido para nenhum lugar mais longe de Aburi do que as montanhas circunvizinhas.

Mas um dia o pai de Yaw mandou-o a Accra a negócios. Muito excitado, vestiu as suas melhores roupas e pôs a faca no cinto. Depois, juntou um pouco de comida num pedaço de pano, pôs na cabeça, e seguiu caminho. Andou por vários dias, numa estrada quente e empoeirada. Sem querer, saiu da sua própria região, e passou por outra região onde ninguém falava Akwapim-twi, a língua dele.

Conforme ia chegando perto de Accra, a estrada ia se alargando, e ficando muito, muito mais cheia. Viu muitas pessoas e muitos macacos que nunca havia visto antes, assim como carros e caminhões que carregam madeira entrando e saindo da cidade.

Chegando perto de uma curva, deu de cara com um grande rebanho de vacas pastando no fim da estrada. Nunca havia visto tantas vacas num só lugar em toda a sua vida, então parou e ficou olhando fixamente, maravilhado. Quando finalmente vislumbrou o menininho que conduzia a manada, foi até ele e perguntou: "Quem é o dono de todo esse gado?"

Mas o garotinho não conseguia entender o que Yaw estava dizendo, e visto que ele não falava Akwapim-twi, olhou para o jovem e respondeu: "Mini", que significa "Não estou entendendo o que você quer dizer" no dialeto Ga, que é o que se fala perto de Accra.

"Mini! Que homem rico deve ser esse Mini para possuir tantas vacas!", Yaw disse a si mesmo.

Continuou a viajar estrada abaixo, e finalmente chegou a Accra. A cidade era mais impressionante do que ele havia imaginado em seus sonhos maus loucos, e ficou perambulando, absorvendo as imagens. Numa rua, encontrou um prédio gigante, aparentemente feito de vidro. Não havia nada parecido com aquilo em Aburi! Então passou uma mulher a caminho do mercado, e Yam lhe disse: "Que casa tremenda! Que pessoa poderia ser tão rica para possuir um local como esse?"

Mas a mulher não entendeu uma palavra, visto que não sabia falar Akwapim-twi, apenas Ga, e assim só pôde responder: "Mini."

"Mini! Aquele homem de novo! Que fascinante!"

Yaw nunca havia imaginado alguém tão rico. Certamente em Aburi ninguém tinha tantas vacas e uma casa tão grande. Decidiu ver as outras maravilhas de Accra. Então, acabou saindo no mercado.

Abrangia um espaço maior do que todas as casas de Aburi juntas. À medida que ia andando no meio das barracas, ele via mulheres vendendo coisas inauditas, ou, no mínimo, muito raras na sua terra natal. Coisas como potes de ferro e copos de bebidas. "De onde vêm todas essas coisas?", Yaw perguntou a uma menininha.

Ela sorriu timidamente para ele e respondeu: "Mini."

Yaw não podia acreditar. Mini estava por toda a parte. Não dava para imaginar como ele era tão rico.

Conforme ia passando o dia, o mercado ia ficando cada vez mais cheio. Era um grande dia no mercado, e havia gente que tinha andando quilômetros para vender ou comprar. Yaw nunca tinha visto tanta gente num único lugar. Na verdade, ele pensou, as histórias que havia escutado sobre Accra não lhe faziam justiça. Parou um velho com um tambor debaixo do braço e perguntou-lhe, "O que há com todas essas pessoas? Por que vêm a Accra na mesma hora?"

"Mini", disse o velho.

Yaw estava realmente acabrunhado. Que homem adoravelmente influente deve ser esse Mini! Grandes multidões de pessoas iam a Accra somente por causa dele. E ninguém em Aburi nunca havia ouvido falar naquela personagem! Como ele e seus companheiros da cidade deviam ser realmente ignorantes!

Deixou as multidões no mercado e foi para a margem do oceano. Lá ele viu um tipo de barco que nunca tinha visto antes, na verdade uma frota deles, pequenos barcos de pesca com inscrições nos lados.

"Eeeee! A quem pertencem todos aqueles barcos?", perguntou a um pescador que estava na praia.

"Mini", o pescador respondeu.

Yaw andou mais na praia e chegou a uma doca onde um cargueiro gigante, feito de ferro, estava sendo carregado com tambores de óleo de palmeira e toras de madeira. Uma fumaça espessa vomitava das suas chaminés, e uns cem homens fervilharam por cima dos convés.

"Ei!", gritou Yaw para um homem que estava parado ali perto, uma pilha alta de inhames na cabeça. "Esse deve ser o maior barco do mundo."

"Mini?" o homem respondeu.

"É, adivinhei quem possui isso", disse Yaw, "mas para onde está indo toda essa madeira?"

"Mini", repetiu o homem, saltando para dentro da prancha do barco.

Yaw estava pasmado. Mini era quase um homem-deus — possuía tudo, comia tudo. Parecia que não se podia nem mesmo fazer uma pergunta sem que o povo da cidade respondesse "Mini."

"Eu não acreditaria se não tivesse visto", disse a si mesmo. "Eles devem chamar Accra de cidade de Mini, pois ele está em toda a parte. O que ele deve ser para ter tanta riqueza!"

Yaw, então, se foi e fechou os seus negócios em Accra, pôs mais comida no pedaço de pano, e pegou o caminho de volta para casa.

No fim da cidade, ele desembocou numa procissão, e ouviu o rufar de muitos tambores. Chegando mais perto, ele percebeu que era um funeral. Muitos homens cercavam o caixão, erguendo-o bem alto enquanto milhares de mulheres se lamentavam. Era o funeral mais impressionante que Yaw já tinha visto. Caminhou para o meio da multidão e perguntou a uma das carpideiras: "Quem é a pessoa que morreu?"

"Mini", respondeu a carpideira, tristemente.

"O quê!", disse Yaw, perplexo, "o grande Mini morreu? O homem que possuía o gado e a casa alta e os copos de bebidas e os barcos de pesca e o navio a vapor e a madeira? O homem cuja verdadeira reputação inundara a praça do mercado inacreditavelmente? Oh, pobre Mini. Teve de deixar toda aquela riqueza para trás. Morreu como uma pessoa comum."

Yaw continuou a sair da cidade, mas não conseguia tirar a tragédia de Mini da cabeça.

"Pobre Mini", murmurava para si mesmo, várias e várias vezes. "Pobre Mini."

A Cor da Roupa de Baixo

"Quando uma galinha se vê em terreno novo, ela não pisa com os dois pés ao mesmo tempo".

PROVÉRBIO AKAN

Mamãe não queria mesmo que eu fosse, mas não teve escolha. Mais uma vez, tia Sophie veio me socorrer. Sem falar nada à minha mãe, pagou o requerimento para que eu estudasse na enfermagem oftálmica em Maidstone, Kent, Inglaterra, e, inesperadamente, chegou uma carta dizendo que eu tinha sido aceita.

Tia Sophie teve uma longa conversa com mamãe. Lembrou-lhe da promessa que eu havia feito a meu avô de ajudar pessoas com problemas visuais, e falou à mamãe que tinha arrumado tudo para que eu ficasse com Gifty, a filha mais velha de tia Sophie, que morava em Cricklewood, no norte de Londres.

Finalmente, depois de muita discussão, fui para Londres com um baú cheio de roupas novas e lindas, arrumado pela minha titia Betty, tia Sophie e mamãe. Eu estava no auge, outra poderosa Wesley Girl, para deixar sua marca no mundo.

Nem todas as habilidades adquiridas na Wesley Girls eram igualmente úteis no mundo real. A autoconfiança e a habilidade de lidar com grande número de pessoas diferentes em diversas situações me foram muito úteis, mas as aulas de etiqueta eram outra história.

Peguemos o modo de tomar sopa que nos foi ensinado. Em nossa cultura, nós, garotas ganenses, tínhamos aprendido a tomar sopa delicadamente usando somente os dedos, então a idéia de uma série de regras complexas era um grande divertimento para nós. E eram realmente complexas.

Segundo os nossos muito austeros instrutores brancos, uma moça refinada deve sentar-se à mesa de jantar ereta, com os pés "elegantemente postos no chão", sem cruzar as pernas ou os calcanhares. A distância adequada entre o corpo e a mesa de jantar é nada mais, nada menos do que 8 cm. O dorso deve ficar em ângulo reto com as coxas, e a moça deve pôr as mãos delicadamente no colo. À medida que ela se prepara para tomar a sopa, deve inclinar-se para a mesa de jantar num ângulo de aproximadamente 30 graus, usando a mão direita para pegar a colher de sopa.

Segurando a vasilha com a mão esquerda, deve incliná-la cuidadosamente (de 10 a 15 graus aproximadamente), enquanto o dedo mindinho da mão direita fica na ponta da vasilha. Ainda segurando a vasilha com a mão esquerda, a moça retira a mão direita do recipiente, virando a colher para que a concha fique à sua frente. Então, enche um terço ou metade da colher e, devagar, pegando firmemente a colher com o polegar, o indicador e o dedo médio, ela estica o mindinho de novo à medida que vai levantando a colher até a boca, ao mesmo tempo que vai baixando, devagar, a vasilha até sua posição original. Deve, então, pôr a mão esquerda de novo no colo e inclinar o dorso (enquanto ainda segura a colher de sopa cuidadosamente). É claro que as senhoritas com seios fartos devem inclinar o dorso um pouco menos para a frente a fim de que os seios não caiam na sopa!

Uma coisa vital para o sucesso do consumo adequado da sopa era franzir corretamente os lábios — recomendava-se que o "O" do franzir fosse aproximadamente do tamanho de um xelim. Quando leva a colher aos lábios, a moça deve, lentamente, emborcar o conteúdo na boca sem chupar ou espirrar, depois do que afaga refinadamente os cantos da boca com um guardanapo.

É muito fácil quando se tem lábios caucasianos, mas as crianças africanas de lábios carnudos, na hora de os franzir do tamanho de um xelim para sorver a sopa, acabam espirrando tudo em cima delas mesmas. Agora, se nos pedissem para os franzir em dois xelins, talvez nos saíssemos melhor. Em vez disso, essa aula de etiqueta era um desastre total.

Um outra importante habilidade que aprendemos em termos de etiqueta foi como agarrar um homem. Como senhoritas bem educadas, nos diziam que precisávamos ter, o tempo todo, lenços brancos à mão, com nosso monograma bordado somente num dos cantos; um lenço todo bordado era, definitivamente, sinal de falta de boas maneiras.

O bordado deveria ficar aparecendo do mesmo modo que as usados pelos homens nos bolsinhos do paletó. Isso torna uma moça angelical, com apenas o monograma de suas iniciais e o lindo bordado aparecendo sobre as mãos apertadas.

Quando a moça vê um homem do qual ela gosta, deve ficar onde está, apertando o seu lencinho, e segui-lo pelo ambiente com os olhos até que ele finalmente repare nela. Nunca nos ocorreu que a pobre moça pode ficar parada lá por horas, grudada no lugar, sem que o homem que está à sua frente a note!

De qualquer modo, a idéia é que uma hora o jovem sortudo vai reparar nela e, quando o fizer, ela deve desviar pudicamente os olhos, olhando discretamente para o chão. Com a cabeça ainda um pouco curvada voltada para os pés e com o queixo para baixo, deve sorrir muito docemente e, então, endireitando a cabeça, ir levantando os olhos devagarinho em direção ao rosto dele. É tiro e queda que isso vai deixá-lo louco. Ela então mantém os olhos grudados nele e o sorriso no rosto. Eu reparei que a Princesa Diana faz isso muito bem.

Depois de um tempo razoável, se o seu homem ainda não percebeu que ela está queimando de paixão por ele, ela tem permissão para agitá-lo suavemente, ao mesmo tempo que continua de olhos grudados nele. Levantando o lenço devagar com a mão direita, deve deixá-lo cair pudicamente por cima do ombro direito enquanto vai se movimentando, deixando-o lá na esperança de que ele corra, o pegue e diga: "AR (vendo o monograma no lenço), acho que você derrubou algo".

Essa estratégia vai permitir-lhe entabular uma conversa amável com ele, o que ele vai sem dúvida ver como uma oportunidade de começar um papo sério sobre namoro.

Agora, com todas as preocupações de minha mãe sobre me encontrar com rapazes, e com as rígidas estruturas governando totalmente esse tipo de coisas no cerne de minha cultura, nunca tive a oportunidade de pôr em prática esse método.

Na Wesley Girls High School — *doces 16 anos e sem nunca ter sido beijada!*

Não fazia nem uma semana que eu estava em Londres quando aproveitei minha oportunidade. Era um fria manhã de dezembro e eu precisava fazer umas comprinhas. Então, assim que entrei no pequeno supermercado na rua Cricklewood High, vi, num lampejo, um lindo homem negro na seção de produtos agrícolas. Pensei cá comigo, Uau, se eu pudesse pajear um desses para sempre! O melhor de tudo era que minha mãe não estava perto.

E, olhe e veja, sendo uma moça refinada, eu tinha um lenço branco com o meu monograma bordado na ponta direita. Imediatamente usei a minha sofisticada técnica de agarrar o lenço, virar os olhos e chamar a atenção do rapaz. Não obtive resposta. Então, olhando fixamente para o homem como um doce sorriso amarelo, joguei o lenço por cima do ombro direito, virei num movimento rápido, e fui embora. Ninguém me chamou. Nada. Andei um quarteirão inteiro antes de finalmente olhar à minha volta. O homem não estava em parte alguma e o meu lindo lenço branco estava sendo pisoteado pelas solas dos sapatos de todos os que passavam.

Fiquei com o coração partido. Fui para o apartamento da Gifty, me joguei na cama e chorei; depois, me sentei para escrever uma carta à minha mãe.

24 de dezembro de 1965

Mamãe querida,

Londres é horrível. Os ingleses não têm nenhuma educação.

✖✖✖ ✖✖✖

A Inglaterra era cheia de surpresas.

Numa tarde, eu estava folheando o jornal do fim de semana e vi um anúncio de roupa de baixo cor da pele. Até então eu nunca tinha comprado minhas próprias roupas de baixo. Nunca. Sempre apareciam milagrosamente na minha cama, toda vez que eu precisava de novas, tanto em casa quanto no internato. Mas, naquele dia, eu recortei o anúncio do jornal e fui à Marks and Spencer, a loja de departamentos local que estava em liquidação.

Depois de passar meia hora examinando todos os diferentes estilos de calcinhas, tentando achar a roupa de baixo cor da pele, eu ainda não tinha encontrado nenhuma. Fui pedir ajuda para uma vendedora e disse: "Acho que vocês estão fazendo uma liquidação de roupa de baixo cor da pele. Você pode me dizer onde eu posso encontrá-la?"

"Dê uma olhada no segundo corredor nas cestas em liquidação."

Eu já tinha olhado tudo no segundo corredor, mas achei que devia tentar de novo, por via das dúvidas.

Naquele instante, uma menininha na outra ponta da loja apontou em minha direção e disse: "Olha, mãe, a mulher de rosto negro!"

Achei que devia haver um palhaço ou um comediante qualquer de rosto pintado atrás de mim e dei uma olhada em volta, mas não havia ninguém lá. Julguei tê-la perdido de vista e não pensei mais no assunto, depois voltei à minha busca por roupa de baixo cor da pele.

Fui falar de novo com a vendedora e disse: "Olha, eu não consigo encontrar. Não sei se estou procurando no lugar certo."

Ela disse: "Oh, não, você deve ir para o segundo corredor. Talvez estejam no fundo da cesta. Dê mais uma olhada e se você não conseguir achar, eu vou ajudá-la".

Então voltei e olhei. Um pouco envergonhada, fui falar de novo com a vendedora. "Não estou querendo perturbar, mas eu realmente estou tendo dificuldades para localizar as suas roupas de baixo cor da pele."

A vendedora foi comigo ao segundo corredor, pegou um par de calcinhas rosa-salmão para mim e disse. "Aqui estão...."

Quando caímos na real, começamos a rir espontaneamente.

Nesse ínterim, a menininha que estava fazendo compras tinha chegado perto de nós com a mãe. Andou, encostou em mim e disse: "Veja, mamãe, a mulher de rosto negro."

O meu instinto natural era perguntar à vendedora: "Meu rímel está saindo?"

Ela disse, "Não, não. Na Inglaterra nós chamamos as pessoas negras de pele escura."

O comentário dela apagou o sorriso do meu rosto. Não consigo nunca me lembrar da resposta que dei. Totalmente pasmada e soterrada pela coisa toda, eu disse apenas "Muito obrigada", e fui embora.

De volta para casa, para a segurança de meu quarto, sentei na frente do espelho, fiquei olhando e pensando: "Acho que sou negra".

Na verdade, nunca pensei em mim como tal. Sempre pensei em mim como eu sou, entende? Descobri uma outra escala de emoções naquele dia, e ainda havia muitas por vir.

⁘⁘ ⁝⁝ ✕ ✕ ⁝⁝

Para ampliar as nossas oportunidades de trabalho, o programa de enfermagem oftalmológica recomendava às suas alunas que também treinassem como enfermeiras. Eu estava feliz por fazer aquilo, e a nossa supervisora no hospital, ou a enfermeira administrativa, ajudou a mim e a uma garota chamada Irene Chapman a realizar nosso treinamento como enfermeiras no St. George's Hospital de Londres. Fomos convocadas para uma entrevista e, acreditem ou não, para fazer um teste de QI.

Depois da entrevista, Irene e eu nos sentamos numa sala cheia de pilhas de papéis. Cresci fazendo exames na Wesley Girls, por isso o teste de QI não me perturbou. Na verdade, parecia uma brincadeira — pôr coisas em caixas, escolher a diferente, e todo tipo de coisa. Algumas semanas depois, chegou uma carta dizendo que Irene tinha passado, enquanto eu, e eu cito, "não tinha passado de forma abismal".

Elvira, a supervisora, ficou tão chocada quanto eu. Por sorte, tínhamos acabado de receber os resultados dos exames da Escola de Enfermagem Oftalmológica, em que meu desempenho havia sido brilhante. Elvira escreveu para o St. George's pedindo que lhe mandassem uma cópia do meu teste. Eles responderam que, infelizmente, tinham destruído os resultados do exame, mas que teriam prazer em me oferecer outro exame se eu quisesse voltar para Londres.

Dessa vez, Elvira me acompanhou até o St. George's. Fiz o segundo exame e, é claro, duas semanas depois chegou uma carta dizendo que as minhas notas no teste tinham passado de abismais para excelentes. Alguns meses depois, eles me inscreveram para fazer um estágio no St. George's como a primeira enfermeira negra registrada do estado.

A Coisinha À-Toa Que Quase Quebrou as Minhas Costas

As alunas de enfermagem no St. George's passavam por todos os setores do hospital, para que tivéssemos uma boa formação. E fazíamos de tudo — pediatria, ginecologia, neurocirurgia e psiquiatria. Quando estagiava nesta última, o psiquiatra supervisor que instruía as estudantes de enfermagem do terceiro ano, dr. Julian Hafner, se enrabichou por mim (e não tive nem mesmo de usar o lenço para fazer isso!). As acomodações das enfermeiras ficavam a apenas cerca de 200 metros do hospital, mas ele costumava me seguir na calçada no seu pequeno MG conversível, gritando: "Posso lhe dar uma carona? Gostaria de falar com você. Você está muito bonita hoje. Talvez eu possa carregar as suas pastas?" Eu sempre o ignorava, em parte porque tinha vergonha, e em parte porque já estava namorando e não queria complicar as coisas.

Depois que o meu estágio na ala psiquiátrica terminou, encontrei-o umas duas vezes, e numa dessas ocasiões, visivelmente bêbado numa festa, ele disse que gostaria de sair comigo qualquer dia. Mas eu era muito certinha, e achava que qualquer homem que convidasse uma mulher para sair, bêbado, na realidade não queria dizer aquilo. Mas o mundo dá muitas voltas; então, três anos depois de nossas primeiras batalhas, acabei me casando com Julian, que era, na época, pesquisador, bacharel e especialista honorário no Hospital Maudsley, em Londres.

Tudo correu às mil maravilhas no começo, embora a família dele não estivesse muito feliz com o fato de seu garoto de ouro estar se casando com uma moça negra vinda da África. É claro que nunca lhes ocorreu que para os meus pais eu também era a sua pequena garota de ouro, e eles também fariam restrições àquele casamento. Não tanto porque Julian era branco, pois minha família era multirracial e nunca dizia coisas em termos de cor, mas porque tinham medo de que se eu me casasse com um estrangeiro eles talvez não me vissem nunca mais.

Em nosso primeiro aniversário, tivemos uma briga horrível. Tínhamos saído para dançar, e talvez bebido um pouco de champanhe além da conta. Talvez muito champanhe além da conta. De repente começamos a falar de famílias, e Julian disse, na maior calma, que não queria filhos. Bem, fiquei chocada. Chocada! Eu amava aquele homem e vivemos juntos 18 meses antes de nos casarmos. Meio bêbada, fui embora e me afastei dele, com a cabeça cheia de pensamentos. Eu era bem-sucedida. Tinha sido educada numa sociedade matriarcal. Não precisava dele nem de qualquer outro homem. Na verdade, a única razão pela qual eu tinha-me casado com ele era porque eu não queria que os meus filhos, que os nossos filhos, crescessem com problemas por não terem um pai legalizado. Resolvi que a primeira coisa que eu ia fazer de manhã era consultar um advogado e cair fora daquele casamento ridículo.

Tudo isso vinha à minha cabeça antes mesmo de eu ter andado dois quarteirões, antes que eu ouvisse passos. Julian estava correndo atrás de mim, gritando: "Não seja tola. Só estou um pouquinho bêbado. Estamos ambos bêbados. É claro que podemos ter filhos. É claro que queremos ter filhos. Podemos começar esta noite." Achei que ele estava demente e continuei andando.

Andamos e conversamos a noite toda; quando voltamos à discoteca eram sete da manhã, e nenhum de nós conseguia se lembrar de onde tínhamos estacionado o carro. Na verdade, estávamos tão ansiosos para chegar em casa e começar a fazer filhos, que pegamos um táxi e fomos fazer exatamente isso.

Nove meses depois do dia seguinte à briga, era hora de induzir o trabalho de parto. A gravidez fora extremamente difícil, pois eu tinha tido recorrentes tumores uterinos fibróides, e tinha sido hospitalizada várias vezes. Além do mais, estava realmente preocupada com a saúde do meu bebê, e tremendo de medo de todo o processo. E, como enfermeira, eu sabia que havia todos os tipos de coisas que podiam dar errado.

18 anos e enfermeira oftalmológica na Inglaterra.

Na noite anterior à chegada prevista do bebê, porém, entrei em trabalho de parto. Pela manhã as dores não eram fortes ou rápidas o bastante, mas ainda assim dei entrada no hospital para que os médicos pudessem acelerar o trabalho de parto.

Na época, eu já tinha trabalhado na unidade de terapia intensiva do Kings College Hospital como auxiliar de enfermagem; portanto, eu conhecia o sistema e o hospital muito bem, além disso Julian estava comigo. Um aparelho estava ligado na cabeça do bebê e preso no monitor, e me haviam dado soro, mas, como sabiam que era uma enfermeira, baixaram o volume no monitor que acompanhava os batimentos cardíacos do bebê e tiraram a tela da minha frente para que eu não pudesse ver nada, e se foram. Não queriam que eu ficasse procurando problemas no monitor; queriam que eu ficasse o mais relaxada possível.

A irmã entrou e disse: "Vou visitar alguns quartos e fazer a ronda nas alas e depois eu volto". Como parteira especialista, ela disse para as parteiras da equipe ficarem de olho em mim e ouvi ela lhes dizer, baixinho: "Há uma mulher de um especialista da equipe tendo um bebê nesta ala. Cuidem bem dela porque tivemos alguns problemas com a sua gravidez e, portanto, não queremos que nada mais dê errado agora, certo? Vou tomar uma xícara de café e volto em seguida".

Havia duas mulheres na ala de trabalho de parto naquela hora, eu e uma mulher branca deitada de atravessado na cama. A equipe de enfermeiras devia estar pensando que essa era a mulher do especialista da equipe porque as vi massageando as suas costas com um pó e virando-a na cama, dando-lhe mais travesseiros, buscando-lhe bebidas, e assim sucessivamente. Pensei que a pobre coisinha devia estar realmente doente; cheguei até mesmo a oferecer minhas revistas para que ela lesse de tanta pena que senti dela.

Enquanto acontecia tudo aquilo, uma médica negra, estrangeira (a anestesista visitante) foi levada para lá. Tinha vindo do King's College Hospital para aprender como dar epidurais (um tipo de anestesia na espinha). Vieram até mim, me viraram, e disseram que aquela médica ia me dar uma epidural. Protestei furiosamente, dizendo: "Não, não preciso de uma epidural. Não autorizei uma e não quero". Era uma opção que me foi oferecida durante a entrevista, e se a minha dor realmente piorasse eu tomaria uma, mas não estava preparada, tampouco queria ou precisava de uma.

Elas condescendentemente me tranqüilizaram: "Não se preocupe. Acho que chegou a hora de lhe aplicar uma."

Eu disse: "Acho que vocês erraram de paciente."

Nem deram bola: "A doutora será muito gentil e delicada."

Tinham, obviamente, decidido que já que havia uma médica negra, ela devia praticar numa pessoa negra, e não me ouviram. E lá estava eu, tendo um bebê na mesa e aquela mulher praticando as suas técnicas médicas. Ela parou o procedimento e eu ouvi o seu resmungo entrecortando sua respiração: "Oh, CSF" (fluido cerebral espinhal) — tinha aplicado no lugar errado nas minhas costas. Aquilo realmente doeu, e senti uma dor de cabeça ruim, um choque disparado embaixo da parte de trás do pescoço. Continuei falando da dor que eu estava sentindo, mas elas não deram a mínima e continuaram me tranqüilizando. Eu podia ouvir ela resmungando quando respirava, "CSF."

Então eu disse: "Olha, não vim aqui para levar uma picada lombar. Vim aqui para ter um bebê. Não quero uma epidural."

Disseram: "Não, não, acalme-se, não fique agitada, Sra. Hafner. Essa médica vai cuidar de você. Vai aplicar no lugar certo, não se preocupe."

Recusaram-se a aceitar que eu era uma enfermeira, uma colega delas, e que eu sabia o que estava realmente acontecendo. De qualquer modo, para encurtar a história, eu comecei a ouvir zumbidos e a minha audição cessou. Conseguia ver os lábios dos membros da equipe se mexer, mas não conseguia ouvi-los e disse-lhes isso, mas elas continuaram me ignorando. Em seguida fui perdendo a visão e continuei dizendo que não conseguia vê-los.

A hora do pesadelo durou cerca de quinze minutos, mas para mim foi uma eternidade e a coisa que mais me doeu foi terem pedido para que o homem que eu amava tanto, meu marido e pai do meu filho, que me apoiava, fosse embora. "Sr. Hafner", um membro da equipe disse, "é muito difícil para nós fazermos o nosso trabalho eficientemente enquanto o senhor está aqui conosco, então o senhor tenha a gentileza de esperar lá fora e, se houver alguma complicação, nós o chamaremos."

Gritei para ele não ir. Implorei: "Não me deixe. Estou assustada. Não sei o que elas vão fazer comigo". Ele tentou me acalmar. "Não se preocupe, você está apenas em pânico. A epidural vai fazer bem." Eu disse: "Mas Julian, eu não quero uma epidural. Você sabe disso".

Ele disse: "Elas obviamente decidiram o que era o melhor para você". Ele me tranqüilizou e, depois, me deixou.

Bem, na hora em que a minha visão e a minha audição voltaram, a parteira especialista voltava das suas visitas da ronda pelas alas e da pausa para o café e estava pronta para assumir. Aumentou o volume do meu monitor. Imediatamente percebi que algo estava seriamente errado e que o meu bebê estava sofrendo porque o monitor começou a fazer "bipbipbipbipbip," muito rápido. Ela se virou para as outras parteiras e pediu que elas vissem o que estava acontecendo. "Onde está o dr. Hafner... O marido da sra. Hafner, o especialista da equipe?" As parteiras ficaram roxas, porém chocadas demais para falar. Finalmente entenderam o que tinham feito.

A parteira especialista virou-se para mim e disse: "Sinto muito, muito mesmo, Dorinda, houve uma pequena confusão. Não quero mentir para você. A epidural não era para você. Era para a outra senhora e agora o seu bebê está correndo perigo. Não podemos perder tempo. Temos de operar imediatamente, fazer uma cesariana em instantes. Não se preocupe, vamos salvar o seu bebê."

Fiquei lívida. Senti-me traída, mas não sabia o que mais eu podia fazer, então concordei. Disseram que eu tinha de assinar uma autorização. Eu disse, "Quero saber quem vai me dar a anestesia, e quero ver meu médico e meu marido".

O dr. Elias veio e me tranqüilizou dizendo que tudo ia dar certo. Assinei a autorização. Meu marido estava lá. Levaram-me para a sala de operações. Pensei: *bom, pelo menos alguma coisa boa vai acontecer comigo.* Ia ter o meu filho e tudo ia dar certo.

Naquela época, para que uma pessoa tomasse uma anestesia geral, antes lhe davam uma máscara de oxigênio e a encorajavam a respirar profundamente para que houvesse oxigênio suficiente no fluxo sanguíneo enquanto entubavam-na antes de ligá-la ao resto das máquinas. Deram-me uma máscara preta e branca e disseram: "Respire profundamente o oxigênio." Eu respirei e disse: "Oh, não, não é oxigênio". Discutiram comigo e disseram: "Não, não, não, acalme-se. Você está momentaneamente excitada por causa do que aconteceu antes — você ficou traumatizada. É oxigênio."

Então eu disse: "Tudo bem, você dá uma respirada e me diz se é oxigênio". O anestesista respirou profundamente e ficou branco. Disse: "Você está certa. Não é oxigênio. É **halotano**".

Então, aconteceu. Não quis nem saber. Arranquei os tubos intravenosos do braço e gritei e urrei. Fiquei completamente histérica. O dr. Elias veio, me acalmou, falou comigo e eu disse: "Não confio nessas pessoas. Elas vão me matar".

Ele estava em condições, ainda que precariamente, de me acalmar, e me anestesiaram. Saí de lá com um bebê saudável. Aparentemente, conforme me disseram, acordei logo após a cesariana. Assim que ouvi que o bebê não tinha cabelo vermelho, voltei a dormir. Meu bisavô tinha cabelo vermelho, e eu fiquei nove meses preocupada com a possibilidade de ter um filho de cabelo vermelho. Nós o chamávamos de "ofligyato", e outras crianças implicavam com ele.

Durante a semana seguinte, enquanto estava convalescendo na cama do hospital e me familiarizando com James, meu novo filho, uma comissão veio me ver. Incluía o dr. Elias e dois anestesistas, a parteira especialista e outra parteira. Vieram me perguntar se eu ia fazer barulho por causa dos acontecimentos que ocorreram na sala de trabalho de parto e na sala de cirurgia. Na verdade, foram mais longe e me pediram para pensar cuidadosamente e desistir de fazer quaisquer acusações ou levar as coisas às últimas conseqüências, e queriam ter certeza de que eu não ia fazer aquilo.

Não lhes podia dar o que eles queriam, porque não fazia idéia das seqüelas que aquelas drogas e aquela epidural deixariam na minha vida. Estava preocupada com a possibilidade de não estar em forma e sadia o suficiente para cuidar do meu filho. Mas nunca movi nenhum tipo de ação, em parte porque Julian não me incentivava, em parte porque não tive dores imediatas. Senti dores severas na espinha muito, muito depois, quando já era tarde para combatê-las.

Desde aquele dia, quando fico muito cansada, tenho problemas na espinha e uma tendência a ter espasmos isolados, perco as forcas e tenho de curvar as costas, segurar a cabeça e os pés até passar. Não há dúvida alguma de que isso é resultado direto daquele dia na ala de trabalho de parto, tantos anos atrás, e tão distante da maternidade da titia Thelma, onde uma coisa igual aquela nunca teria acontecido.

PRIMA SARAH ESTÁ GRÁVIDA

Voltemos a Gana, onde o nascimento de uma criança raramente é um trauma. Os problemas parecem vir antes, particularmente quando se anuncia a gravidez. Lembro que minha mãe não apenas ajudava a trazer um monte de crianças ao mundo, mas também ajudava muitas delas a encontrar os pais. Veja, na minha terra quase todo homem casado que conheci tinha uma segunda esposa, uma concubina, ou coisa pior, uma amante ao seu lado. Muitas garotas solteiras que eu conheci tinham tido filhos, e algumas delas não sabiam ao certo quem era o pai. Isso era tão comum que na minha adolescência várias vezes testemunhei a cerimônia comumente chamada de Perguntar O Caminho Para A Casa Do Pai.

A cerimônia envolvia a convocação de anciãos tanto da família da moça grávida quanto de familiares do suposto pai para uma assembléia de madrugada, em geral reunida na casa da moça. As crianças não podiam assistir a esses encontros, o que pode ajudar a explicar porque ficavam presas numa hora tão terrível.

Quando éramos pequenas, minha prima Theresa e eu tínhamos um esconderijo numa sala contígua à sala de estar, da qual era separada por persianas de vidro. Podíamos nos esconder atrás das cortinas e espiar a sala e ouvir as conversas. Ouvíamos intensamente os anciãos trocarem palavrões tribais, coisas que nunca ouvíamos ninguém dizer na linguagem coloquial, mas que deciframos que significavam somente coisas rudes ou que se referiam a sexo. De vez em quando, as discussões ficavam desagradáveis e os anciãos começavam a brigar quando achavam que alguém tinha manchado o nome de seus filhos angelicais.

O senso comum não explícito entendia que os garotos eram garotos, e costumavam e deviam perambular, mas as boas meninas deviam permanecer virtuosas o suficiente para não permitir que *nenhum* garoto se envolvesse com elas. Além do mais, ambos os lados apresentavam argumentos que podiam ser geralmente resumidos em (1) a garota era sedutora ou (2) o garoto era um extraordinário casanova que tinha enganado uma donzela inocente. Nesses assuntos, tudo era preto no branco

Minha prima Sarah tinha apenas treze anos quando ficou grávida. Eu não tinha nem mesmo reparado nenhuma mudança nela, logo foi

145

um choque ver os anciãos se sentando na sala de estar da família durante a madrugada e discutindo o seu futuro. As discussões, iradas, se faziam ouvir em intermináveis sussurros.

"Afinal, de quem é essa criança?", perguntou minha mãe. Ela quase se desfez em lágrimas quando explicou à assembléia reunida como estava decepcionada com Sarah, visto que ela era filha da primeira mulher de seu irmão.

Meu tio tinha quinze filhos com suas duas mulheres. Embora mamãe fosse mais nova do que seu irmão, ela se sentia uma perfeita tola a quem só era permitido, como de costume para a irmã solteira mais velha, ajudar a cuidar dos filhos do irmão. Ficou tocada com Sarah porque ela prometia, academicamente falando, e porque era a menina mais velha. Minha mãe sentiu que podia dar a Sarah uma educação e torná-la, assim, um modelo para as crianças mais novas. E agora isso!

Sarah tinha realmente tido um namorado, e eu pude ouvir o pai do garoto acusado negar que seu filho fosse capaz de semelhante atrocidade. Estava ultrajado, porque se o seu filho engravidasse uma menina nova como aquela, uma garota acima de sua posição social *e* com uma bagagem tribal diferente, seria uma calamidade maior. Mas não tinha a própria mamãe comentado como aquele menino era brilhante, e como resultado dessa alta opinião, não tinha ele obtido um estágio numa firma de carpinteiros? E não tinha a família dele ficado tão agradecida que mandou para mamãe produtos de sua fazenda: inhames, mandioca, bananas-são-tomé, tomates, pés de espinafre, duas galinhas brancas e duas dúzias de ovos? Ambas as famílias tinham ficado muito felizes quando o rapaz teve iniciativa suficiente para aproveitar uma oportunidade de negócios entre os seus patrões carpinteiros e a produção de madeira de seu pai. Sim, o pai estava tão satisfeito com o seu menino que achou o incidente todo inteiramente desagradável e bem fora de propósito. Lembrou a todos que não se cospe no prato em que se comeu.

A tia do garoto, senhora Aksoua Mansah, que tinha ficado quieta durante a maior parte dos procedimentos, concordou com o irmão, o pai do garoto. Sim, o menino deles era bom. Na verdade, tão bom que levava todas as crianças do lugar à igreja aos domingos e depois ele próprio ensinava Sarah e as outras meninas, que gostavam de brincar com bonecas de milho, como fazê-las. A pobre titia não se dava conta de que ao tentar salvar a pele do garoto, ela o tinha, na verdade, posteriormente complicado. Sem dúvida alguma, todos os parentes do menino concordavam que ele era um bom rapaz.

Mas então, para piorar, o tio do menino, Oponha Boateng, deu um novo rumo do caso. Não passavam Sarah e sua prima (ou seja, eu), duas vezes por semana, várias horas nos aposentos de um certo sr. Dawson, professor de matemática, que por acaso era inquilino na casa que a família alugara em Krofrom? Não tinha a própria mamãe insistido para que o sr. Dawson fosse o tutor das meninas em matemática? Então como podiam saber que a gravidez de Sarah não era culpa do sr. Dawson? E pior, e se o sr. Dawson tivesse se envolvido com ambas as garotas?

Suspirei tão alto que quase entreguei o nosso esconderijo. Se um galo não tivesse cantado naquele exato instante, teríamos sido descobertas e inteiramente surradas.

Como podia o tio Oppong Boateng jogar lenha numa controvérsia tão séria? Eu estava furiosa, os adultos eram realmente idiotas. Pensei, não espanta que as crianças o chamem de "pong pong" pelas costas. Você é realmente louco. Não era preciso ser uma aluna brilhante para saber que o sr. Dawson era velho o bastante para ser nosso pai. Além disso, pensei, o simples fato de ele ser um professor de matemática devia desqualificá-lo. Quem podia imaginar um professor de matemática com vida sexual ativa? E ele é tão-ão-ão velho, já casado, com muitos filhos já crescidos. Pior, ele é *ananta* ou seja, tem os joelhos em x; em nossa sociedade, somente as pessoas desesperadas fariam amor com ele, visto que esse estado é ridicularizado e, em geral, considerado pouco atraente. Aquele tio era, claramente, doido da cabeça!

Alguém mais na sala mencionou o menino do outro lado da estrada que vinha cortar madeira como um outro possível culpado. Nesse ponto aquilo tudo se tornou demais para minha mãe. A mancha sobre a sua sobrinha, sobre sua filha, sobre o nome de sua família e, por fim, a insinuação de que Sarah podia ter transado com vários garotos, provocava ondas de horror nela.

Sempre se sabia quando minha mãe estava a ponto de explodir. Levantava-se, empertigava-se, impunha respeito, olhava para o teto, e, então, devagar, andava deliberadamente de um lado para o outro por todos os lugares disponíveis, medindo cuidadosamente os passos, como se temesse pisar em crianças. Era um erro deixar-se enganar por aquela aparente tranqüilidade; uma palavra errada e ela dava um tapa na pessoa como numa mosca no ar. Podia ser letal nessas ocasiões.

Nessa manhã, ela estava exatamente assim e começou a andar de um lado para o outro na frente dos anciãos reunidos. Todos os olhos estavam voltados para ela.

Três minutos inteiros se passaram, com todos assistindo a tudo tensos. Sendo soberanamente o centro da reunião, ela enfim falou, medindo as palavras como um juiz prestes a dar uma sentença de morte. Nunca tinha visto minha mãe mais vigorosa, como se ela tivesse recebido os Dez Mandamentos na montanha no lugar de Moisés, com os olhos, o queixo pontudo e os lábios franzidos apertados.

Sem alarde, ela se precipitou sobre a bandeja de chá quente servido educadamente aos anciãos quando eles tinham acabado de chegar. Numa ação contínua, ela pegou uma colher de chá da bandeja com uma das mãos e a apontou para o pai do menino completamente desnorteado; com a outra mão agarrou minha prima Sarah do banco baixinho onde ela estava sentada quietinha perto do assento vazio de minha própria mãe, empurrando-a para a frente, em direção aos pés do pai. A ação fez com que Sarah ficasse prostrada no chão, como se estivesse suplicando. Sarah estava chocada demais para se mexer. Continuou deitada, com o rosto para baixo.

Então mamãe falou, dirigindo-se diretamente ao pai. "Visto que você e sua família toda resolveram manchar o nome de minha filha e estigmatizar minha sobrinha como uma prostituta com insinuações que ela deve ter dormido não com um, mas com vários homens, talvez como pai desse recalcitrante garoto você possa tratar de pegar essa colher e colher todos os espermas ofensores que pertençam a seu filho!"

Um silêncio sepulcral se abateu sobre os anciãos e todo mundo ficou de queixo caído. Ninguém se mexeu.

Eu estava tão orgulhosa dela. Que mulher, que sabedoria. Tinha lido na Bíblia sobre o rei Salomão, mas mamãe naquele dia tinha respondido à altura. Tudo era digno de aplausos entusiásticos.

A família do rapaz percebeu que tinha sido vencida. Recuperando a fala, concordaram em esperar até que o bebê nascesse, depois do que voltariam com as obrigatórias garrafas de bebidas alcoólicas e com algum dinheiro para fazer a coisa certa, dando ao bebê um nome e mostrando-lhe o caminho da casa de seu pai.

Sarah morreu este ano, após vinte anos e nove filhos com aquele rapaz. Possa ela descansar em paz.

Você É da Psiquiatria?

Como ocorre neste livro, igual a qualquer história sobre a vida de alguém, vamos agora pular alguns anos, saltando sobre o nascimento prematuro de minha filha, Nuala, para outra grande crise que pôs a minha força à prova. O que, você pode perguntar, faria com que uma africana completamente sã, morando na Inglaterra, quisesse se desarraigar, não mencionando os dois filhos e o marido, desistindo de tudo o que veio a saber e a amar em seu país de adoção para viver a 15 mil quilômetros de distância, na Austrália?

Meu marido e eu éramos felizes o bastante na Inglaterra. Meu trabalho como enfermeira oftálmica ia muito bem, e o cargo de Julian como especialista de uma equipe (ou consultor, como eram conhecidos na Inglaterra) em psiquiatria no St. George's Hospital era igualmente seguro. Só que, como todo mundo depois de certo tempo, precisávamos de uma mudança. Sonhávamos com pastos mais verdes, com possibilidades profissionais diferentes, e com um clima melhor para nós mesmos, para nosso filho de dois anos e para a nossa filha, batalhadora e asmática, de um ano. E então a oportunidade de migrar surgiu inesperadamente.

Julian tinha trabalhado com um médico australiano anos antes, num hospital-escola de Londres, e agora aquele homem tinha sido indicado para uma cadeira na recém-fundada Flinders University of South Australia. O colega de meu marido tinha decidido que formaria a sua própria equipe de médicos especializados, com pessoas que ele conhecia e nas quais podia confiar e com quem trabalhar intimamente, e fez uma oferta irrecusável a Julian.

Nos anos 70 os membros da polícia de imigração da Austrália não estavam exatamente mandando convites às pessoas negras para que embarcassem no próximo barco rumo à Terra Lá Debaixo, mesmo que fossem de nacionalidade britânica, com eu era na época. Além disso, ficamos muito surpresos quando o oficial da imigração tasmaniana que estava nos entrevistando na Australia House em Londres explicou pausadamente que a nossa escolha por Adelaide, no sul da Austrália, como base não era muito esperta, e recomendou Sydney ou Melbourne como mais cosmopolitas e com muito menos problemas raciais. Explicamos que aquilo simplesmente não ia dar certo, dada a oferta de emprego, e finalmente o convencemos. Em 1º de novembro de 1977, chegamos em Adelaide com as bagagens e os filhos a tiracolo.

Já fazia uns dois anos que morávamos na Austrália quando começou a me ocorrer que aquilo tudo não estava bem. Na verdade, minha primeira pista veio quando eu assistia a um encontro de mulheres dos especialistas da equipe. Havia-se formado um pequeno clube para as esposas daqueles médicos, com a missão de ser um meio de socialização com outros adultos, visto que a maior parte de nós na época ficava em casa com os filhos novos. Como recém-chegada, fui convidada a sentir-me em casa e aceita, e eu ansiosamente fui à sala comum da universidade onde o encontro se realizaria numa noite.

Sentamos todas num círculo, e as senhoras sorridentes iam se apresentando uma por uma, andando em volta do círculo. "Oi, meu nome é Mary Brierson e sou da cirurgia" "Boa noite, meu nome é Pamela Brown e sou da ginecologia", "Muito prazer, sou Martha Peterson e estou pesquisando..."

Senti-me completamente deslocada e pensei, Meu Deus, a sala está cheia de acadêmicas. O que vou dizer quando chegar a minha vez? Pensei, Ah, bem, só posso dizer a verdade.

Quando chegou a minha vez de me apresentar, eu disse: "Boa noite, senhoras, meu nome é Dorinda Hafner, e eu gostaria de lhes agradecer muito por terem-me convidado. Sou formada em enfermagem e também trabalho como óptica em ambulatórios, mas já atuei nos palcos e fiz vários comerciais para a TV".

Todas se viraram para me olhar com graus variados de surpresa e horror. Finalmente, alguém quebrou o silêncio.

"Não, não é. Você não é da psiquiatria? Não é isso que o seu marido faz?"

Todas aquelas mulheres se definiam de acordo com o que seus maridos faziam! Como produto de uma sociedade matriarcal, aquilo era inconcebível para mim. Em Gana, as mulheres não apenas não adotam necessariamente os sobrenomes do marido no casamento, como também têm orgulho de estar à frente de seus próprios negócios. E realmente temos um ditado em Gana: "O dinheiro dele é de todos, e o seu dinheiro é só seu". Foi dessa maneira que eu sempre entendi que as coisas se dividiam no mundo. Lá estava eu numa civilização aparentemente moderna, sentada no meio de mulheres inteligentes que pareciam não ter personalidade. Usei minhas armas, dizendo: "Não, ele é da psiquiatria, eu sou o que disse que sou".

Com polidez forçada, engoliram a coisa. E por falta de coisa melhor para fazer, fiquei no clube. Era tradicional que as esposas oferecessem jantares para os acadêmicos visitantes; cada esposa anfitriã, por sua vez, oferecia um jantar se um determinado acadêmico estivesse em visita ao departamento de seu marido. Consegui escapar dessa tarefa específica por alguns anos, mas, enfim, uma das minhas colegas, membro do clube, me pôs contra a parede. "Veja bem, minha senhora", disse ela, "todas ofereceram esse tipo de jantar duas ou três vezes menos a senhora. Que tal oferecer um jantar para o professor da Newcastle University que vai visitar o departamento de seu marido?"

O que eu podia dizer? Sabia que todas elas estavam ansiosas para que eu fizesse pratos africanos, então decidi mostrar minha versatilidade culinária preparando um cardápio francês de sete pratos. Precisava, necessariamente, provar àquelas pessoas que eu podia fazer as coisas do jeito delas, tão bem quanto do meu jeito, e na maioria das vezes, melhor.

O CARDÁPIO

Crudités com Creme de Alho
Sopa Francesa de Cebola e Miniatura de Pão Fresco Enrolado
Soufflé de Salmão
Filet de Boeuf En Croute com Espinafre no Vapor em Suco de Laranja
Crème Caramel e Crèpe Suzette flambado em Brandy na mesa
Queijos e Frutas Frescas
Café Fresco em Pó
Após o Jantar, Menta e Trufas de Rum

Comemos bem naquela noite. As conversas eram vibrantes e cheias de gargalhadas. Tudo tinha dado certo. Tudo estava bem, até o café.

Depois de degustadas as frutas e os queijos, fui até a cozinha para buscar o último prato. Arrumei o bule de café quente, um bule menor apenas com água quente, creme, leite, açúcar e as xícaras de café, pires e colheres de chá numa bandeja de prata grande na cozinha. Estava usando minha louça de barro preferida, um elegante aparelho preto de café reservado para ocasiões especiais. Queria impressionar e aquele seria o meu prato principal. A menta e os chocolates estavam numa bandeja menor, separada, decorativamente arrumada com flores.

Vistoriei as bandejas; tudo estava como devia estar. Respirei satisfeita e ergui o meu lindo arranjo. Só que acho que eu tinha espirrado alguma coisa no chão antes sem perceber, porque eu dei apenas dois passos antes de escorregar. Com as pernas me faltaram, a única coisa que eu podia pensar era Não derrame o café! Não vá queimar a barriga!

Agarrei-me na bandeja, escorreguei, até estatelar as costas no chão, com um forte baque. Uma dor atravessou minha pelve e fiquei deitada sem me mexer, respirando rapidamente em meio a uma dor considerável.

Quando consegui ver de novo, fiquei feliz em ver que, com a exceção de alguns pingos, minha bandeja de café e guloseimas estava intacta. Suspirei aliviada. Bem naquela hora, a porta que dava para a sala de jantar se abriu. Minhas convidadas deviam ter ouvido, e mandaram Julian ver se estava tudo bem.

Meu marido ficou parado na cozinha, olhando desdenhosamente para mim no chão. Devagar, curvou-se, pegou a bandeja cheia que eu tinha apoiado na minha barriga. Olhou de soslaio para mim e com desprezo, disse: "Eu sempre soube que você queria quebrar esse aparelho de café. Você o odeia porque foi minha irmã que deu!" E com aquela análise psicológica barata, virou-se com a bandeja e foi servir o café.

Demorei um dez minutos antes de ter condições suficientes para me arrastar de quatro até o nosso quarto — uma eternidade. Telefonei para que um médico viesse me examinar, apesar do fato de que havia quatro médicos especialistas na minha sala de estar.

Hoje, percebo que aquilo foi a gota d'água para o fim do nosso casamento — embora eu tenha ficado com Julian por mais três anos, lutando com os nossos vários demônios internos e externos. Naquela noite, morrendo de dor nas costas, pensei nas minhas raízes, nas mulheres fortes que eu conheci quando estava em fase de crescimento e na mulher forte que eu sabia que era, e pareceu ridículo ter permitido que as coisas chegassem àquele ponto.

Deitada sozinha na minha cama na Austrália, eu tinha o peso de milhares de anos de tradição africana me dizendo que as mulheres são fortes, espertas e capazes, que uma mulher não precisa de um homem para sobreviver. Assim que minhas costas pararam de doer, eu estava pronta para me apoiar sobre os meus próprios pés.

Estava pronta para uma mudança.

ABENA E A JIBÓIA

Há muito tempo, num vilarejo Achanti, vivia uma garota muito bonita chamada Abena. Ela era realmente tão bonita que todos os rapazes andavam quilômetros para chegar à casa dela e cortejá-la. Mas, lamentavelmente, ela tinha a língua viperina, e quanto mais ardentemente eles a adulavam, mais rude ela era com eles.

Dizia para um: "Como posso me casar com você? Você é tão magro, ninguém poderia respeitá-lo como homem", e para outro, "Não posso me casar com você, você é gordo demais. Como você poderia trabalhar?"

Zombava dos caçadores, pois os achava pessoas não civilizadas, e dos agricultores por estarem sujos. Os homens pobres, é claro, eram inaceitáveis por causa da pobreza, e os homens ricos ela invariavelmente os achava feios ou de maus modos.

A mãe de Abena era uma mulher boa e humilde, e achava o comportamento da filha completamente vergonhoso. Suplicava constantemente que Abena escolhesse um daqueles bons pretendentes que tinham pedido a sua mão, dizendo: "Quem é você, minha filha, para ser tão altiva e poderosa? Podemos ser uma família boa e sólida, mas não somos Achanti reais! Não vieram os nossos ancestrais desse vilarejo? Por que você tem tanta vergonha da nossa família?"

Mas Abena simplesmente riu e, quando o sobrinho de um grande chefe de uma cidade vizinha veio vê-la, ela foi especialmente cruel, mandando o rapaz embora com muita raiva.

Então, mais para adiante, às margens de um rio, vivia uma grande jibóia que tinha poderes mágicos. Ouviu falar da grande beleza e do humor maldoso de Abena, e decidiu que se divertiria muito se conseguisse a sua mão em casamento. Deslizou para o vilarejo e, quando estava bem perto, virou um lindo príncipe, vestido de ouro. Conforme ia andando pelo vilarejo, as pessoas ficavam pasmas com a sua beleza e inclinavam-se à sua frente.

Quando chegou à casa de Abena, perguntou aos seus pais se podia vê-la. Abena estava em seu quarto admirando-se num espelho quando seus pais pediram que ela viesse conhecer o lindo estrangeiro. Ela foi mau-humorada e relutante, mas quando viu o príncipe, o seu rosto se iluminou. Sem nem mesmo esperar que lhe perguntassem, a garota, radiante, falou aos pais que, finalmente, tinha encontrado o homem com quem desejava se casar.

O príncipe fez vários elogios a Abena, e perguntou se podia se casar com ela imediatamente. Ele era tão charmoso que os pais dela não podiam dizer não — porque provavelmente ia começar tudo de novo! Afinal, eles já tinham começado a temer que ela nunca concordaria em se casar. O príncipe lhes mostrou ouro, e logo foram celebradas as bodas.

Depois das cerimônias, o príncipe pediu à mãe de Abena que juntasse o máximo de comida possível, porque a viagem ao seu palácio era longa, e eles certamente precisariam comer no caminho. Então os pais juntaram muitas ovelhas, bodes, porcos e, bem como cereais e caixas de farinha de mandioca, inhames, bananas-são-tomé e outras frutas e vegetais. E chamaram trinta jovens donzelas para ajudar a carregar a comida para os recém-casados.

A festa terminou muito bem, mas assim que eles saíram do vilarejo — sem terem ainda se afastado das fazendas circunvizinhas — o príncipe pediu a elas que parassem, pois estava com fome e precisava comer. Então, engoliu quatro cabras, uma ovelha, uma caixa de inhames e um abacaxi de sobremesa.

Seguiram caminho, com Abena menos arrogante do que no começo, mas tentando ainda enfrentar a situação com coragem. Duas horas depois, o príncipe pediu que a pequena procissão parasse de novo, porque estava com fome. Dessa vez ele consumiu três ovelhas, um porco e todas as bananas. E, em seguida, prosseguiram a viagem, como antes.

E como previsto, duas horas depois o príncipe ficou com fome de novo. Comeu todos os carneirinhos, duas cabras, alguns mamões e um saco de milho. E prosseguiram caminho.

E foi assim o dia todo. Todo o bom humor de Abena sumiu inteiramente quando ela viu o marido comer. No fim, ela disse: "Meu mui querido marido, se você continuar comendo assim, ficaremos sem comida antes do fim da viagem".

"Não posso fazer nada", disse ele, "Estou com fome. Um homem tem de comer!"

Logo acabou com a comida, em apenas duas horas; depois mandou que parassem de qualquer jeito, e pediu outra refeição. Quando Abena lhe disse que não havia mais comida, ele disse: "Então acho eu que vou ter de comer as donzelas".

Lá pelo fim do segundo dia, o príncipe tinha comido tudo, menos Abena e ele mesmo. Para sorte deles, logo chegaram ao rio. Quando chegaram às margens, o príncipe mostrou a Abena um grande buraco no chão, debaixo das raízes de uma grande árvore. "É a entrada do meu palácio", disse-lhe. "Entre e sinta-se em casa."

Abena não tinha palavras. "Meu amor", disse ela, "com certeza você deve estar brincando. Quem poderia morar num lugar tão horrível? Estou com fome e cansada da viagem, por favor não me chateie."

O príncipe riu, mas em vez de responder diretamente à pergunta dela, disse: "Você pode se lavar e lavar as suas roupas antes de entrar, se quiser".

Feliz por não ter de inventar uma desculpa para não entrar naquele buraco escuro e lamacento, Abena tirou o vestido e começou a lavá-lo no rio. Quando estava de costas, o príncipe virou uma jibóia de novo, e rapidamente trepou na árvore em cima dela. Abena olhou à sua volta para ver se achava o marido e, não o vendo, voltou à sua tarefa. Quando se curvou para a água, a jibóia, de cima do galho acertou-lhe uma cuspida bem no meio das costas. Abena virou-se. Dessa vez viu o marido, o príncipe, sentado num galho acima dela.

"Você cuspiu em mim?" perguntou, tremendo de raiva.

O príncipe riu. "É claro", disse. Depois, descendo da árvore, completou: "Agora entre no buraco".

"Não", disse Abena, com toda a sua arrogância de sempre.

"Tudo bem", disse ele agourentamente, "se é assim que você quer." Quase imediatamente Abena sentiu uns estranhos calafrios pelo corpo. Apertou as mãos, e as viu se contraindo e enrugando diante dos seus olhos. Inclinou-se para a frente para olhar na água, e viu o rosto de uma velha enrugada e encarquilhada parada atrás dela. Teve a sensação de que estava morrendo e tremia enquanto falava: "Por favor, meu marido, imploro, não faça isso comigo. Eu faço

155

qualquer coisa que você falar, qualquer coisa mesmo, apenas me devolva a minha juventude e beleza".

O príncipe cuspiu de novo e Abena voltou a ser como era; mas não ousou mais desobedecê-lo. Chorando e gemendo, entrou engatinhando no buraco.

E assim começaram a sua vida juntos. Todo dia a jibóia, que logo se cansou de ser príncipe, se afastava, dizendo-lhe: "Abena, vou caçar para conseguir comida para nós. Agora, não se atreva a sair desse buraco, ou você vai ver o que eu faço com você!"

O tempo passou, e Abena nunca se atreveu a sair do buraco. Os seus pais emagreceram e envelheceram de tanta preocupação, tentando saber por que as donzelas nunca tinham voltado, e por que nunca mais tinham ouvido falar de sua filha.

Um passarinho costumava pousar numa moita no limite do antigo vilarejo de Abena, perto de onde as crianças brincavam, e cantava esta canção:

Abena não ouviu conselhos
Abena era boa demais para ouvir conselhos
Abena toda perturbada
Abena está numa grande enrascada
Abena toda perturbada
Abena está numa grande enrascada

As crianças cantavam a canção na frente de seus pais, que no começo nem ligaram. Mas, enfim, alguém lembrou-se de Abena, de sua fama de difícil temperamento, e foi visitar os pais dela. Disse: "Existe uma passarinho que canta:

Abena não ouviu conselhos
Abena era boa demais para ouvir conselhos
Abena toda perturbada
Abena está numa grande enrascada
Abena toda perturbada
Abena está numa grande enrascada

Vocês acham que ele pode estar falando de sua Abena?" Os pais estavam certos disso, mas não faziam idéia de onde encontrar a filha. Assim, aquilo apenas os preocupou mais, e logo a mãe de Abena, que nunca mais conseguiu comer desde que ouviu a música, ficou doente e morreu. O pai, agora totalmente sozinho no mundo, logo a seguiu.

O passarinho, então, saiu do vilarejo e foi ao rio onde Abena morava em seu buraco. Sentou-se num galhinho da árvore debaixo da qual ela e o marido viviam, e todo dia cantava:

Abena, pobre miserável infeliz Abena
Sua mãe morreu, Abena
Seu pai morreu, Abena
E ela está numa santa ignorância, Abena

Todo dia Abena ouvia a canção e ficava pensando o que queria dizer. Depois de alguns dias, percebeu de onde vinha, e começou a pôr a cabeça para fora do buraco assim que o marido saía, e a fitar o passarinho.

Um dia disse-lhe timidamente: "Passarinho, é sobre mim que você está cantando?" O pássaro pulou num pé só perto do rosto dela e, virando a cabeça para o lado, replicou: "Abena, pobre miserável infeliz Abena. Realmente a minha canção é sobre você". E Abena chorou amargamente.

Enfim, em meio às lágrimas, ela implorou ao pássaro: "Passarinho, imploro que vá ao meu vilarejo e diga ao povo onde estou. Eu voltaria sozinha, muito embora não tenha mais família, mas a estrada é longa e não consigo achar o caminho. E, de qualquer modo, meu marido, a jibóia, me pegaria antes que eu me distanciasse muito. Na verdade, ele pode pegar você. Vá depressa, antes que ele volte".

O passarinho voou, e lá pela noite chegou ao vilarejo. Dessa vez se desviou dos subúrbios, se instalou numa árvore no meio da praça e cantou a canção:

Abena pobre miserável infeliz Abena
Sua mãe morreu, Abena
Seu pai morreu, Abena
E ela está sentada num buraco perto do rio, Abena

Uma pequena multidão se formou perto da árvore e, quando o pássaro achou que havia gente o suficiente, parou de repetir aquele versinho e começou a contar o que tinha acontecido com Abena. Conforme a narrativa ia progredindo, os habitantes do vilarejo iam ficando bravos, e aqueles cujas filhas eles deixaram partir enquanto ainda eram donzelas ficaram encolerizados quando ouviram que as suas crianças tinham sido comidas. Logo todo o vilarejo estava pronto para se vingar da jibóia.

Os rapazes, muitos dos quais já tinham cortejado Abena, pegaram suas facas e armas e, liderados pelos mais destemidos caçadores — dos quais Abena já tinha zombado como meros campônios não merecedores do seu amor — pediram que o pássaro lhes mostrasse o caminho para o rio. Viajaram na escuridão, e lá pela segunda noite chegaram ao local.

"Escondam-se aqui", o pássaro os advertiu. "Quando a jibóia sair do buraco pela manhã, eu cantarei, e assim vocês poderão pegá-la antes que ela saia para caçar."

Então os caçadores deitaram e ficaram à espera, e logo a jibóia acordou. Falou para Abena não sair, como de costume, e então rastejou para fora do buraco.

Lá está ele.

Cantou o pássaro, e os caçadores correram do local em que estavam, e ficaram de tocaia. Armas estalaram e facas reluziram, e logo não havia mais jibóia.

Os caçadores chamaram Abena e, magra e de aspecto doentio, ela saiu do buraco e deitou aos prantos à margem do rio. Ninguém teve coragem de repreendê-la, então a levaram de volta para o vilarejo. Já fazia algum tempo que ela não tinha mais família, então teve de morar com primos.

Assim que ficou forte o suficiente, chamou todas as moças e cantou-lhes esta canção.

Escutem quando sua mãe fala
Escutem quando sua mãe fala
Porque as mães sabem tudo.

Se eu simplesmente tivesse escutado minha mãe
Minha vida teria sido muito melhor.

Enquanto viveu, Abena se devotou a ser uma boa titia, ajudando a criar as meninas do vilarejo. Toda noite, ela as reunia à sua volta, e todas cantavam a Canção de Abena, como passou a ser conhecida:

Escutem quando sua mãe fala
Porque as mães sabem tudo...

✳✳ VITELA DE PRINCESA CORDON BLEU ✳✳

Morando na Austrália, cozinho não apenas pratos franceses elaborados e especialidades africanas, mas todos os outros tipos de comida. Então, vou dar uma receita para a minha Vitela Cordon Bleu à Moda de Dorinda, além de dois pratos africanos que gosto de fazer em casa para os meus filhos.

4 porções

8 costeletas de vitela
¼ de xícara de manteiga
¼ de xícara de óleo de milho
¼ de xícara de brandy
2 cubos de caldo de galinha
600 ml de creme de leite fresco (ou mistura
    de iogurte e creme de leite)
Pimenta-do-reino
1 pitada de pó de alho
½ kg de cogumelo em gomos

Preparo

Limpe as costeletas; numa frigideira, frite-as dos dois lados, retire do fogo e mantenha em forno quente.

Retire o excesso de gordura da frigideira, retornando com as costeletas; flambe-as com o brandy, acrescentando o caldo de galinha, o creme de leite e a pimenta-do-reino.

Deixe cozinhar em fogo brando e junte os cogumelos, mexendo bem.

Sirva quente.

✖✖ SOPA DE AGALINHA COM MENDOIM ✖✖

4 porções

1 kg de galinha, em pedaços

¾ de xícara de pasta de amendoim

2 cebolas grandes cortadas fino

400 g de tomate em conserva

2 l de água fervendo

2 ou 3 pimentas-malaguetas sem sementes

4 ou 8 cogumelos

1 kg de filé de peixe defumado

Sal e pimenta a gosto

Preparo

Numa tigela grande, coloque a galinha temperada, as cebolas e o tomate, mexendo até ferver.

À parte, numa tigela grande, misture a pasta de amendoim com 1 ½ xícara de água fervendo, e bata no liquidificado.

Junte na panela este molho, as pimentas, o cogumelo, o peixe cozido e deixe cozinhar por mais 30 minutos, até a galinha ficar totalmente cozida.

Sirva quente sobre fufu (ver página 44).

✖✖ BOLO DE ✖✖ BANANA-SÃO-TOMÉ ASSADO

4 porções

2 bananas grandes, bem maduras
2 colheres-chá de molho de pimenta shitor
1 xícara-chá de farinha de arroz integral
Sal a gosto
2 colheres-sopa de óleo de milho
2 colheres-sopa de açafrão em pó

Preparo

Descasque e amasse as bananas, colocando-as no liquidificador com 2 colheres-sopa de água; adicione o shitor, a farinha de arroz e o sal, batendo tudo junto.

Aqueça o óleo com o açafrão, tire do fogo e misture com a massa do bolo. Coloque numa assadeira untada e asse por 1 hora; deixe esfriar por 10 minutos, desenforme e corte o bolo frio com uma faca de pão molhada em água quente.

Deixe a Dançarina Falar!

Minha filha Nuala é uma dançarina fabulosa, sempre foi. Na verdade, ela vem estudando dança a vida toda e atuando desde os quatro anos. Agora, como vocês sabem, pois estão lendo a minha vida, eu também sempre adorei atuar, mas havia algo sobre como as escolas de dança da Austrália lidavam com a coisa que não parecia nada saudável para mim. Esperava-se que as crianças não atuassem apenas em recitais anuais, mas competissem com outras, em exibições totalmente estressantes.

Eu sempre soube que minha filha era uma dançarina acima da média, mas não achava necessário submetê-la a aprovações — no palco ou em qualquer outro lugar! Mesmo assim, nessas competições havia a tal expectativa, e, que eu me lembre, ela atuava não apenas com vontade, mas até mesmo, às vezes, com alegria. No final das contas, era divertido atuar no palco, ouvir os aplausos e trabalhar rotineiramente com os amigos da escola de dança. Mesmo assim, nem toda competição levava em conta o que se aprendia nas aulas.

Esses eventos, que duravam uma semana, envolviam um número de diferentes trabalhos — solos, duetos, trios, quartetos, quintetos, grupos, balé, jazz, sapateado, folclore, dança internacional — mas o foco sempre foi a oportunidade para as escolas de dança individuais competirem entre si. Os juízes em geral eram profissionais externos de alguma reputação, e os prêmios eram dados para cada categoria conforme a competição se encaminhava para a revelação final entre as escolas.

Agora, apesar de o meu primeiro comentário ter sido de que as coisas não pareciam totalmente saudáveis, tenho de dizer que um espírito de diversão em geral reinava sobre tudo. Aptidão, proficiência, originalidade e inovação eram para ser celebradas, e as crianças realmente adoram se vestir e se mostrar. Nos bastidores, sempre havia uma atmosfera de excitação e de expectativa à medida que os competidores iam comparando as suas roupas ou se ajudando mutuamente num arranjo particularmente elaborado, os pais e os professores fazendo roupas de última hora e retocando a maquiagem, e as crianças sovinas zombando de qualquer outra menos favorecida do que elas. Mesmo quando não zombavam, a pressão era imensa, e era uma maravilha quando alguma criança pobre não desistia, não se desfazia em lágrimas, ou não se recusava a ir para o palco pelo menos uma vez por ano. Isso era apenas com as crianças! Agora, em relação às mães...

Acho que é justo dizer que toda mãe pensa que o seu filho é talentoso de uma maneira ou de outra. A única diferença é que a maioria delas é modesta demais para sair pulando e gritando isso. Aquelas competições de dança eram perfeitas vitrines para aquelas mães que não eram modestas demais — e eu tenho o prazer de dizer que nunca fui uma delas. Não me entendam mal, eu adorava ver minha filha dançar e tinha o prazer de apoiá-la durante todo o processo. E, como sua mãe, Nuala parecia sempre fazer as suas melhores apresentações sob pressão. Logo eu tinha bastante certeza de que ela era boa o bastante para fazer uma performance superior. Mesmo assim, por mais confiança que tivesse, eu também tinha muita consciência de que, como mãe dela, eu devia ser um pouco menos tendenciosa. Também, mais seriamente, sempre soube que vivíamos numa época — e num país — em que em geral há certo tipo de problema em dar *algumas* honras às pessoas negras, todavia bem merecidas.

A competição em questão ocorreu quando Nuala tinha cerca de sete anos de idade. Para o seu solo, ela havia escolhido o *chapenakis*, uma dança folclórica mexicana. Eu a tinha ajudado com a roupa e o cabelo, e o seu irmão e o seu pai e eu a tínhamos visto ensaiar tantas vezes que provavelmente poderíamos nós mesmos atuar, embora não tão graciosamente. Havia vários competidores na sua categoria, e ela aparecia lá pela metade da lista. Quando o seu número foi finalmente anunciado, respirei profundamente e fiquei calada, tentando muito não ouvir meus próprios batimentos cardíacos. Vi-me afagando a mão de seu pai — embora não soubesse ao certo se era para tranqüilizá-lo ou se era para tranqüilizar a mim mesma.

Nuala dançou primorosamente. Meu coração pulava por aquela corajosa garotinha, a única criança negra em seu setor e a única de apenas algumas crianças negras em todas as competições de dança. Sua interpretação da música e da dança foram impecáveis. Tinha certeza de que ela seria recompensada por seus esforços naquele dia, pela primeira vez. Respirei aliviada quando terminou, e relaxei para curtir as outras crianças que se seguiram; Nuala se juntou a nós na platéia para aplaudir os seus amigos. Quando tudo finalmente acabou, houve os costumeiros aplausos e os gritos até que o juíza bateu o martelo para que se fizesse silêncio e fosse possível, então, anunciar os vencedores.

O vencedor da menção honrosa foi anunciado; em seguida, o terceiro lugar. Cada criança corria para a frente e ia apertar a mão da juíza e receber o prêmio. Depois foi anunciado o vencedor do segundo lugar, e finalmente o primeiro. O nome de Nuala não estava entre eles. Segurei a minha dor por ela quando ela baixou a cabeça para a frente e olhou para baixo no chão. Eu sabia que ela estava lutando contra as lágrimas.

Quando o vencedor do primeiro prêmio saiu do palco, a platéia caiu em deliberados, lentos, porém regulares, aplausos, do tipo que se bate para registrar um protesto. Eles obviamente não concordaram com a escolha da juíza para o primeiro lugar, mas eu não fazia idéia de que o protesto deles era para apoiar a minha filha. Pelo menos até eu receber a ata entregue a todos os competidores no final de cada dia.

Leia-se a avaliação da minha linda filha:

> Os pais deveriam parar de passar tanta maquiagem pesada no corpo de seus filhos para eles se adequarem. A maquiagem dessa competidora era de longe carregada demais até para uma mexicana! Foi dada ênfase demais à aparência. É algo a se levar em conta nas futuras atuações.

Simplesmente ela não mencionou as habilidades, em termos de dança, da menina.

Fiquei lívida. Os comentários dela não apenas não tinham relação alguma com o talento de Nuala, como, é claro, a menina não tinha passado maquiagem alguma no corpo. Ela não precisava.

De ata na mão, fui até a juíza, esfreguei-a no nariz dela e quis saber se ela havia escrito aquele absurdo. Arrogantemente, confirmou que sim. Insisti que me olhasse bem na cara para nunca mais esquecê-la, então me pus a repreendê-la adequadamente. Comecei com o que devia ser óbvio para todo o mundo, menos para ela: o fato de que a criança tinha dançado brilhantemente, e, depois, chamei a atenção para o que eu achava, a saber: que até mesmo a platéia tinha registrado um protesto. Em seguida, disse-lhe, um caranguejo só pode produzir um caranguejo ou variações dele, e certamente não um pássaro. Ou, em outras palavras, que não era culpa minha o fato de a criança não ter nascido branca, e que eu não podia acreditar que ela estava punindo uma criança mestiça por ter nascido quase curtida!

Dei-lhe várias opções: ela podia chamar todos os dançarinos e refazer a seção inteira, julgar novamente baseada em suas anotações e anunciar suas novas escolhas pelo alto-falante, ou podia não fazer nada, e caso isso acontecesse eu subiria no palco e diria ao público o que ela tinha escrito sobre minha filha. Ela optou por rever suas escolhas, e quando pegou no microfone, anunciou que Nuala tinha recebido uma menção honrosa. Ainda não estava bom.

A mãe cuja filha recebeu o primeiro prêmio veio até mim e disse: "Eu realmente sei quem deveria vencer, e sinto-me mal por minha filha ter recebido o prêmio. Sei do fundo do coração que esse troféu pertence realmente à sua filha. Por favor, pegue-o".

Declinei, porque não queria ferir a outra garota, mas lhe agradeci pela honestidade. Nuala, é óbvio, estava terrivelmente embaraçada, e suspirou de alívio quando eu finalmente saí. Ela sempre achou que meus protestos e minhas defesas em relação aos seus direitos eram fúteis e, com o conservadorismo natural das crianças, queria que eu apenas parasse de fazer aquela confusão.

Agora, sempre achei que todo oceano é feito de pequenas gotas, e que cada protesto pequeno ajuda a lutar contra o mal maior da discriminação. Meus filhos nem sempre concordam. Em geral eles acham que os preconceitos estão enraizados demais em nossa sociedade para que os meus pequenos esforços façam alguma diferença. Parte disso, acho, tem a ver com o fato de que eles cresceram na Austrália, onde nunca seriam aceitos como nativos. A experiência deles é tão diferente do esteio que foi a minha infância ganense — onde quer que vão, são confrontados com as pessoas que insistem que eles devem ser estrangeiros. Por serem meus filhos poderiam responder que, com exceção dos aborígenes, não sabiam de ninguém na Austrália que de acordo com o que aprenderam em história não fosse de um outro lugar.

Mas isso desgasta qualquer pessoa. Nós adoramos a Austrália, e nos consideramos australianos. Meus filhos podem ter nascido em Londres de mãe ganense e pai britânico, mas moram aqui desde um e dois anos de idade. Visitaram minha família em Gana, e o pai na Inglaterra, mas apenas como turistas. Aqui é a casa. Então, para onde eles vão quando as pessoas falam para eles voltarem de onde vieram? E como reagir quando Nuala vence uma competição de dança, como em várias outras vezes até aquele dia horrível, e as pessoas nos parabenizam, dizendo: "Bem, vocês nunca receberiam isso na floresta, não?".

É em situações como essas que eu me pergunto: Estou realmente aqui e essas coisas estão realmente acontecendo comigo? Nunca planejei as coisas desse jeito.

Mas eu acredito que as coisas dão certo o melhor possível. Estou, devagar, pouco a pouco, tomando consciências aqui na Austrália, e até mesmo no mundo todo, da minha cultura africana. E minha filha é livre para seguir uma carreira de dançarina, ou de atriz, ou de o que quer que queira, liberdade que eu nunca tive. Em geral me sinto uma pioneira, estabelecendo os alicerces e quebrando os preconceitos na esperança de que com o tempo minha filha chegue onde eu cheguei, e que o cenário seja diferente. Então saberei que *estive* aqui, e que isso *realmente* aconteceu, e que eu triunfei.

CORAJOSA KAANIWA YAA

Há muito tempo, num grande vilarejo achanti, vivia uma mulher maravilhosa cujo nome era Kaaniwa Yaa. Kaaniwa Yaa era velha, mas era trabalhadeira, e possuía uma grande fazenda que ficava a cerca de 7 quilômetros do vilarejo. Ela própria cuidava da fazenda. Lá plantou inhames, bananas-são-tomé, cebolas, tomates, mandiocas, pimentas aos montes — na verdade, todo tipo de alimento que se pode imaginar.

Assim, todo dia ela ia para a fazenda, andando toda pomposa e cantarolando para si mesma toda feliz. Uma vez lá, trabalhava o dia

166

todo, cavando, capinando, plantando e colhendo qualquer produto maduro para levá-lo para casa. Porque, como você sabe, Kaaniwa Yaa tinha um monte de bocas para alimentar, pois morava com os seus dezesseis netos. É isso mesmo, dezesseis netos de suas muitas filhas e seus muitos filhos, bem como mais cinco crianças dos seus dois inquilinos. Mas Kaaniwa Yaa adorava ter todas aquelas crianças à sua volta e era com prazer que as alimentava com os frutos de seu trabalho.

Um dia quando ela foi, como de costume, para a fazenda, viu que metade da sua colheita tinha sido roubada. Enormes quantidades de bananas-são-tomé, bananas, inhames, cebolas, tomates, pimentas e mandioca estavam faltando.

"Quem poderia ter feito uma coisa dessas?" disse alto a velha, embora não houvesse ninguém para ouvi-la. "Que metido, que ganancioso. Deve ser um ladrão. Não podem ser os meus netos. Ou talvez os inquilinos. Sim, devem ser os inquilinos."

E foi correndo para a casa dos inquilinos, ansiosa para acusá-los e resolver o mistério de uma vez por todas. Mas os inquilinos negaram tudo, então ela perguntou aos netos se eles tinham cometido o terrível ato. Eles também disseram que não.

Virando-se para sua neta mais velha, a velha disse, "Ama Serwah, deve ser você que está me roubando. Eu vi você deixar escapar uma coisa esta manhã antes que eu saísse. Tenho certeza de que eram pencas de bananas-são-tomé da minha fazenda."

"Mas Vovó, você nos disse para não comermos comida dada por estranhos. Ontem uma pessoa me deu algumas bananas e hoje, algumas bananas-são-tomé, então eu apenas as dei para os mendigos que estavam no portão. Não eram da sua fazenda."

Kaaniwa nem ligou para a explicação da neta. Estava tomada pela raiva. Expulsou os inquilinos e todos os netos de sua casa até eles aprenderem a não roubá-la. Muito embora não fossem culpadas, as pobres criancinhas tiveram de ir morar com os seus respectivos pais em casas superlotadas e os inquilinos tiveram de encontrar novas acomodações. Todos, menos Ama Serwah, que decidiu que só sairia da cidade se fosse para sempre e foi procurar emprego em outro vilarejo.

No decorrer da semana, chegou aos ouvidos de Kaaniwa que outros fazendeiros das cercanias também tinham sido roubados. Tinham tentado de tudo para pegar o ladrão; fizeram armadilhas, organizaram buscas, mas os seus esforços foram em vão.

Frustrados, os fazendeiros foram falar com o Chefe. Afinal de contas, eles pagavam os impostos e mereciam proteção! Mas os homens do Chefe não conseguiram pegar o ladrão. Várias vezes estiveram perto de pegá-lo, mas de alguma forma ele sempre conseguia matar os seus perseguidores. Os poucos sobreviventes voltaram correndo para perto do Chefe, aterrorizados, e se recusaram a ir atrás do ladrão de novo.

À medida que o tempo ia passando, o ladrão ia ficando mais audacioso. Logo, não eram roubados apenas produtos — mas também desapareciam crianças, e homens e mulheres contavam que tinham sido atacados quando tentavam pegar água no arredores do vilarejo. Aquele ladrão estava destruindo a vida das pessoas.

Um dia, quando os habitantes dos vilarejos estavam fora de si, preocupados, dois homens que tinham ido pegar madeira vieram correndo, dizendo: "Ama Serwah, a neta de Kaaniwa Yaa, foi assassinada. Achamos que isso foi feito pelo próprio demônio encarnado — ele parecia um mendigo, um mendigo imenso. Ele matou Ama Serwah, sabemos que ele a matou porque o vimos carregar o corpete e as sandálias dela!"

Bem, a velha senhora estava distraída e quando ouviu aquilo chorou e chorou e chorou. Perguntou ao Chefe se podia procurar aquele mendigo, aquele assassino, aquele ladrão, e trazê-lo de volta para que fosse punido.

Porém, o Chefe disse: "Não, você é apenas uma mulher, você não pode fazer isso, vou mandar o exército atrás dele".

Então o chefe mandou o seu exército de homens, os dividiu em dois grupos, e por uma semana toda eles procuraram, mas não conseguiram encontrar o ladrão.

A velha senhora estava desconsolada. Finalmente, tomou uma decisão. O Chefe tinha dito que ninguém se afastasse do vilarejo sem a proteção do exército, mas Kaaniwa nem deu bola; ela simplesmente tinha de ir e encontrar a neta. Como se sentia culpada por ter acusado a pobre criança de tê-la roubado. O que era um pouquinho de comida, comparado com o assassinato de sua neta preferida? Kaaniwa jurou que, se não houvesse mais nada a fazer, ela encontraria o corpo da neta e o traria de volta para um enterro nobre.

Pegou uma cabaça e três galinhas do seu quintal. Em seguida, embrulhou um pacote de nozes embebidas em ervas num pedaço de papel e partiu para a sua jornada. Andou e andou, para além da fazenda, e então virou-se para o sul. Logo chegou perto de um rio onde viu algumas crianças brincando na água e algumas pessoas lavando roupa.

De repente, ouviu uma risada familiar e gritou: "Ama Serwah, é você?"

E a voz respondeu: "Sim, Sou Ama Serwah, mas quem está me chamando?"

"É a sua avó, Kaaniwa Yaa. Mas o que aconteceu com você? Ouvi dizer no vilarejo que você tinha morrido."

"Oh, não, Vovó. Pulei de vilarejo em vilarejo quando você nos expulsou, à procura de trabalho. Esses aldeões simpáticos me receberam e perguntaram se eu os podia ajudar a lavar a sua roupa e em troca me dariam comida e abrigo e me pagariam um pequeno ordenado no final de toda semana."

"Mas, então, o que aconteceu com as suas roupas?"

"Bem, você sabe, eu encontrei um mendigo enorme e ele tentou me agarrar, mas eu corri tão rápido que consegui escapar. Quando eu estava escapando, minhas roupas engancharam em alguns troncos e eu pensei que se descalçasse as sandálias, poderia correr mais rápido. Quando finalmente encontrei esse vilarejo, eu estava apenas com a parte de cima, mas eles foram gentis e me acolheram."

Kaaniwa Yaa disse: "Minha querida neta, estou tão arrependida por ter desconfiado de você e tão feliz por vê-la viva. Mas agora preciso prosseguir viagem. Tenho de encontrar esse detestável homem mau e levá-lo à justiça".

Ama Serwah não queria que a avó fosse, mas sabia que não podia deter a velha senhora determinada. Naquele mesmo dia, Kaaniwa Yaa voltou para a sua fazenda. Lá se instalou numa pequena cabana que ela construiu, com todo cuidado, e então pegou na sua própria fazenda pedacinhos de comida, que cozinhou numa panelinha que tinha levado. Depois de comer, montou uma pequena cama na cabana que ela havia construído e, usando a roupa esfarrapada que tinha levado, fez um pequeno travesseiro e deitou-se para dormir.

Assim que chegou a noite, ela ouviu ruídos nos campos, então se levantou e devagar abriu a porta. Lá viu um homem, um homem grande, alto e asqueroso com uma barba espessa, e ele estava desenterrando os alimentos da fazenda dela.

Tinha uma aparência horrivelmente assustadora, mas Kaaniwa Yaa não ficou impressionada. Ela era uma coisa velha corajosa. Saiu e falou: "O que você pensa que está fazendo?"

O homem olhou para ela e pegou a arma, pronto para atirar; na outra mão ele tinha uma grande faca, que estava usando para desenterrar a comida. Ficou na defensiva até chegar mais perto e vê-la melhor. "Oh, é apenas uma velha senhora," disse ele. "O que você está fazendo aqui nos bosques a essa hora da noite? Vá dormir antes que eu ponha você para dentro."

Kaaniwa Yaa disse: "Sou uma mendiga, uma pobre mendiga. Sou uma vagabunda e não tenho para onde ir. Você pode me ajudar?"

"O que você quer que eu faça?"

"Bem, parece que você tem bastante comida aqui, e eu sei onde você pode encontrar grandes inhames. Deixe-me mostrar onde você pode desenterrar os grandes, assim podemos cozê-los."

O homem estava se divertindo com aquela querida velha mendiga, então a acolheu e ambos desenterraram os melhores inhames da fazenda da própria velha senhora. O ladrão a levou para o seu esconderijo secreto e, de certa forma, eles ficaram amigos. E isso durou muitas, muitas semanas. Ela voltava com ele para a sua própria fazenda, onde o ajudava a roubar seus próprios produtos e a comer suas próprias galinhas. O ladrão se apegou mesmo a ela, e dela cuidava.

Um dia, a velha senhora decidiu que tinha de pegar de volta o que era seu e estava com aquele homem. Logo após o jantar, ela sugeriu que mascassem algumas nozes. Mas ela havia levado algumas que não tinham sido embebidas em ervas venenosas, então começou a mastigá-las oferecendo as nocivas ao amigo. Ele as pegou e mascou e logo mergulhou num profundo, profundo sono. Assim que ele adormeceu, a velha senhora com uma corda amarrou os braços e as pernas dele para trás, pois assim ele não podia se mexer. Apertou o máximo que conseguiu e o prendeu numa árvore.

Feito isso, correu o mais rápido que pôde até o vilarejo onde sua neta Ama Serwah estava. Kaaniwa Yaa lhes contou o que tinha feito com aquele assassino, então eles mandaram um grupo todo ao vilarejo dela para que o exército do Chefe pudesse buscar o ladrão.

Quando o exército trouxe o ladrão, todo mundo ficou perplexo. Como uma velha senhora tão frágil havia conseguido capturar um tirano tão forte? O segredo permaneceu com a velha até o dia em que ela morreu. Mas aquele feito incrível não passou despercebido aos olhos do Chefe. Um novo cargo foi criado entre os anciãos do poder especialmente para a mulher; Kaaniwa Yaa aceitou o cargo com orgulho, e sua coragem entrou para a história.

170

Por que a Mulher Negra Sorri

Sou incapaz de lhes dizer quantas vezes as pessoas chegaram perto de mim e, numa tentativa fingida de puxar conversa, disseram algo como "O seu povo sempre parece tão feliz" ou "As pessoas negras estão sempre sorrindo, parecem tão felizes." Não entendi! Sabendo da história que existe entre as raças, fico pasma com o fato de as pessoas brancas realmente acreditarem que toda a população negra é tão feliz que simplesmente não pode deixar de sorrir o dia todo.

Sim, é verdade que a mulher negra usa o sorriso quando está feliz, mas esse é apenas o começo da história. Na maioria das vezes, as mulheres negras têm muito menos razões para sorrir do que as brancas, mas, apesar disso, elas realmente sorriem. Para a mulher negra, um sorriso não registra apenas uma emoção. Não, o sorriso é uma arma secreta guardada no mais profundo dela, num lugar pessoal e inalcançável. Cada sorriso encerra uma história, com linguagem própria.

Ao longo dos anos tenho observado as mulheres negras darem sorrisos tristes quando sobrevivem à tragédia de terem suas colheitas anuais queimadas num incêndio no mato. Eu as tenho visto sorrir com resignação quando olham para o filho doente cujo tratamento elas não podem pagar, sorrir afetadamente de suas reflexões diante do espelho: "Então ele te deixou por uma mulher mais nova?" E há o sorriso que diz: "Não entendi uma palavra do que você disse, mas tudo bem porque eu me retiro para o meu lugar secreto e confortável, então continue falando!" A mulher negra sorri de incredulidade e em meio às lágrimas, à dor, à humilhação e ao amor. O seu sorriso é a um só tempo uma máscara atrás da qual ela se esconde e um escudo para se proteger da dor da sobrevivência. E muito provavelmente incompreensível para alguém que não o vivenciou.

Encontro conforto sabendo que eu não estou sozinha quando sorrio. Na África, as mulheres entendem os meus sorrisos, porque usam os mesmos. No meu trabalho, sempre procuro os rostos da minha platéia, na esperança de que os meus sorrisos reconheçam outros num abraço de comum humanidade. E fico pensando se a linguagem dos sorrisos pode ser passada para os nossos filhos ou se deve ser adquirida na escola da vida com seus golpes duros.

Quando cheguei na Inglaterra, era importante para mim ser um sucesso, e a coisa mais bem-sucedida a fazer era abandonar a minha cor negra. Queria ser aceita, me misturar. Alisei o cabelo, pus maquiagem, e joguei fora os meus tecidos e roupas ganenses e os substitui por jeans, vestidos, blusas e saias. Eu me enchi de acessórios. E, é claro, o acessório mais importante é a atitude de uma pessoa, seus modos e seu sotaque. Então, por vários anos, deixei de sorrir. Parecia-me étnico demais, e, afinal, os habitantes locais não sorriam muito, por que deveria eu sorrir? O processo todo era tão insidioso que eu perdi a noção do que estava acontecendo. Parecia natural, como uma aclimatação. Só me apercebi disso mais tarde; muito tarde.

Os tempos podem ter mudado, mas o comportamento humano não. Os filhos que uma vez tivemos no exterior estão trilhando os nossos velhos caminhos; eles vestiram a carapuça do "Sem sorrisos, por favor, somos estrangeiros." Em Gana se diz que o lugar onde se enterra o cordão umbilical de um bebê será o lugar onde ele, em última instância, vai se extinguir; como muitas descendências africanas, meu cordão umbilical foi enterrado no chão de minha terra natal. Onde vamos enterrar os dos nossos filhos? Esse dilema é o que consistentemente apaga os sorrisos coletivos de nossos rostos negros. Como resolvemos isso, a não ser estando lá quando eles precisam da gente, de coração aberto e com um grande sorriso?

Muitas vezes me perguntam de que sinto mais falta da África, e a resposta é invariavelmente a mesma: sinto falta do humor irreverente das mulheres africanas, da sua habilidade de realmente dar umas boas risadas juntas. Trocam piadas sobre os seus homens, sobre as suas famílias, sobre suas vidas. Têm aquele maravilhoso humor autodepreciativo; diante da adversidade, usam o riso como medicamento. O patuá jamaicano descreve essa tendência como "*tek bad ting mek joke!*" (cada calamidade cria uma piada). Essa habilidade de rir é parte do que sobrou da minha bagagem de Gana. Sempre me senti feliz por tê-la levado porque me é muito útil. É o meu tônico secreto.

Foi uma longe viagem e eu acho que, embora me vejam de outro jeito, eu sempre serei aquela pequena Glenda Miller com um sonho: dançar para as pacientes de sua mãe na achanti New Town, a cidade nova. Vim, vi, ainda não venci, mas estou aqui para a longa travessia.

Contudo, freqüentemente preciso parar para me beliscar e perguntar: Estou realmente aqui e essas coisas estão realmente acontecendo? De uma coisa tenho certeza, o que quer que aconteça, continuarei sorrindo.

Eu estou aqui.

Impresso pela Gráfica
VIDA E CONSCIÊNCIA
☏: 549-8344

- - - - - - - - - - dobre aqui - - - - - - - - - - -

ISR 40-2146/83
UP AC CENTRAL
DR/São Paulo

CARTA RESPOSTA
NÃO É NECESSÁRIO SELAR

O selo será pago por

SUMMUS EDITORIAL

05999-999 São Paulo-SP

- - - - - - - - - - dobre aqui - - - - - - - - - - -

SABORES DA ÁFRICA

CADASTRO PARA MALA-DIRETA

Recorte ou reproduza esta ficha de cadastro, envie completamente preenchida por correio ou fax, e receba informações atualizadas sobre nossos livros.

Nome: _____ Empresa: _____
Endereço: ☐ Res. ☐ Coml. _____ Bairro: _____
CEP: _____ - _____ Cidade: _____ Estado: _____ Tel.: ( ) _____
Fax: ( ) _____ E-mail: _____ Data de nascimento: _____
Profissão: _____ Professor? ☐ Sim ☐ Não Disciplina: _____
Grupo étnico principal: _____

1. Você compra livros:
☐ Livrarias ☐ Feiras
☐ Telefone ☐ Correios
☐ Internet ☐ Outros. Especificar: _____

2. Onde você comprou este livro? _____

3. Você busca informações para adquirir livros:
☐ Jornais ☐ Amigos
☐ Revistas ☐ Internet
☐ Professores ☐ Outros. Especificar: _____

4. Áreas de interesse:
☐ Auto-ajuda ☐ Espiritualidade
☐ Ciências Sociais ☐ Literatura
☐ Comportamento ☐ Obras de referência
☐ Educação ☐ Temas africanos

5. Nestas áreas, alguma sugestão para novos títulos?
_____

6. Gostaria de receber o catálogo da editora? ☐ Sim ☐ Não

Indique um amigo que gostaria de receber a nossa mala-direta

Nome: _____ Empresa: _____
Endereço: ☐ Res. ☐ Coml. _____ Bairro: _____
CEP: _____ - _____ Cidade: _____ Estado: _____ Tel.: ( ) _____
Fax: ( ) _____ E-mail: _____ Data de nascimento: _____
Profissão: _____ Professor? ☐ Sim ☐ Não Disciplina: _____

Selo Negro Edições
Rua Cardoso de Almeida, 1287 05013-001 São Paulo - SP Brasil Telefax (011) 3872 3322
Internet: http://www.selonegro.com.br e-mail: selonegro@selonegro.com.br

cole aqui